GW01605537

Tu proyecto más importante eres tú

LUNA JAVIERRE

Tu proyecto más importante eres tú

mr

Diseño de interior: María Pitironte
Recursos de interior: © María Pitironte, a partir de los originales de Shutterstock

Ediciones Martínez Roca, sello editorial de Editorial Planeta, S. A.
Diagonal, 662-664, 08034, Barcelona (España)
www.mrediciones.es
www.planetadelibros.com

Primera edición: abril de 2024
Depósito legal: B. 5.541-2024
ISBN: 978-84-270-5217-8
Preimpresión: Safekat, S. L.
Impresión y encuadernación: Huertas, S. A.
Printed in Spain - Impreso en España

A mamá, por todo. Absolutamente todo.
A Lucía, por acompañarnos siempre.
A mi familia, por ser hogar.
A mis amigas, por recordarme que sí puedo y que, si no,
ellas están para ayudarme.
A ti, por todo lo que me has enseñado.
Gracias.

ÍNDICE

Introducción

Si has llegado hasta aquí, seguramente sea por algo. Soy fiel creyente de eso, absolutamente todo tiene una razón. Si no lo entiendes ahora, el tiempo te dará las respuestas, pero lo sabrás.

Igual este libro tiene algo que te haga reflexionar como nunca antes lo habías hecho o te enseña una lección nueva, o te acompaña durante una fase cuando necesites evadirte de tu realidad por un ratito. Sea como sea, estas páginas han llegado a ti por una razón, y me encantaría que descubrieses cuál es, porque una cosa que no soporto es la intriga. En serio, ¿cómo vas a quedarte sin saberlo?

Este libro lo escribí en una época de mi vida en la que tenía la fuerza suficiente para dar consejos que ahora mismo me serviría mucho escuchar y leer. Por eso es especial, porque lo hice con todo el cariño de alguien que tiene paz mental y estabilidad emocional, y quiere con todo su corazón que, quien no la tenga, consiga alcanzarla. Vamos a leerlo, tanto tú como yo, con los brazos abiertos, esperando el abrazo que necesitamos.

Si me conoces por mis redes sociales, sabrás que todos los lunes suelo —o solía— hacer un proyecto, los Lunes de Luna: soltaba una pregunta, seleccionaba vuestras respuestas y lo subía creando una armonía con fotos que intensificaran el significado de las frases. Como podrás ver, en este libro hay proyectos que ya están en mi cuenta y proyectos inéditos para que los tengas contigo para siempre. Además, hay secciones nuevas dentro de cada uno de los que ya has visto, porque le añaden un valor especial y distinto, para que los sientas todavía más.

Si has leído mis dos primeros libros, verás que este tiene otro formato, pero sin perder su esencia. Yo lo identifico más como una guía llena de consejos y diferentes temas que a todos pueden tocarnos de cerca alguna vez en la vida.

Espero que valores las letras que te regalo entre estas páginas, que te ayuden en lo que sea que estás pasando o que simplemente te acompañen para cuando las necesites.

Si algo he aprendido es que nunca se deja de aprender, y que quien va a estar en todo el proceso de cada etapa que transites en tu vida vas a ser tú. Por eso, siempre serás tu proyecto más importante.

SPOILERS
DE LA VIDA

PEDIR AYUDA ES DE VALIENTES

1. Lo que me apetece no siempre es lo mejor para mí.
2. No puedo obligar a nadie a cambiar.
3. Todo pasa, tanto lo bueno como lo malo.
4. Nadie puede asegurarme un «para siempre».
5. Me va a tocar despedirme muchas veces en la vida, e incluso sin llegar a decir adiós.
6. Habrá personas que me mientan mirándome a los ojos.
7. Me quedan muchos buenos y malos momentos por vivir.
8. No puedo esperar que los demás actúen como lo haría yo.

9. Las personas pasan por mi vida para enseñarme algo.

10. Nadie es mejor que yo, pero eso no me hace mejor que nadie.

11. Pedir ayuda es de valientes.

12. Es imposible caerle bien a todo el mundo.

13. Mi cuerpo cambiará a medida que crezca. Y eso es bueno. Significa que está vivo.

14. Querer mucho no es querer bien.

15. Hay decisiones egoístas necesarias para cuidar mi salud mental.

ROMPE EL CICLO

A veces nos pasamos la vida esperando que algo o alguien cambie. Confiamos en el destino, como si fuese lo único que puede cambiar nuestra situación. Pero ¿y si empiezas por cambiar tú? Muchas veces ese primer paso está en ti. Prueba, verás todo lo que está en tu mano.

Si no tuviste buenos amigos,
sé tú uno.

Si tuviste mala suerte con el amor,
tú quiere bonito.

Si nadie cree en ti,
hazlo tú.

Si tuviste mala suerte con tu familia,
elígela tú.

Si te dejan de lado,
encuentra la mejor compañía contigo.

PREGUNTAS QUE LE RESPONDO A MI YO DEL PASADO

Estoy segura de que tu «yo del presente» necesita que un «yo del futuro» venga a tranquilizarle diciéndole que todo estará bien. No podemos conseguir eso, pero ¿y si te paras a analizar cómo ha cambiado todo cuando echas la vista atrás? Igual te da alguna pista… Solo recuerda: «ESTO TAMBIÉN PASARÁ».

PASADO: ¿Qué pasó con la amiga que nos hizo la vida imposible?

PRESENTE: La perdonamos y la dejamos atrás para siempre.

PASADO: ¿Y con ese chico que nos hizo sentir inferior?

PRESENTE: Ahora nos dice que se alegra de vernos tan bien.

PASADO: ¿Y con ese profesor que no
confiaba en nosotras?

PRESENTE: Nos dio la enhorabuena.

PASADO: ¿Y con ese amor que nos rompió el corazón?

PRESENTE: Seguimos curándonos...,
pero aprendimos la lección.

PASADO: ¿Y con nuestro trabajo soñado?

PRESENTE: Estamos viviéndolo. Lo conseguimos.

A lo largo de nuestra vida vamos a darnos cuenta de muchas cosas;
algunas nos las esperaremos y otras vendrán sin avisar...
Estas son las que más aprendizaje nos traerán.

A mí la vida me ha enseñado que
no puedo tenerlo siempre todo bajo control,
que las personas pasan por tu vida como alguien que viene
a enseñarte algo, y cuando terminan, se van...
Que el tiempo es el más sabio del mundo
y lo pone todo en su lugar.

Que debes luchar por tus objetivos y metas,
porque nadie más lo hará por ti.

Que el destino es muy importante,
pero más lo es disfrutar del camino.
Que no siempre podemos estar bien,
y no pasa nada.

Que a veces queremos tanto que alguien se quede,
que no nos damos cuenta de que se fue hace tiempo.

Que aunque quieras mucho a alguien
no significa que sea el amor de tu vida.
Que la persona que va a estar contigo siempre
eres tú.

Por lo tanto, tú eres la más importante.

PREGUNTAS NECESARIAS PARA ABRIR LOS OJOS

1. ¿Cuántas oportunidades perdí por miedo?
2. ¿Vale la pena todo el esfuerzo que invierto en esto para lo que consigo?
3. Este problema, ¿tendrá importancia para mí en cinco años?
4. ¿Estoy haciendo esto por mí o por los demás?
5. Eso que tanto busco, ¿realmente es para mí?
6. ¿Qué es lo último que he hecho por mí?
7. ¿Cuánto tiempo necesito para darme cuenta de que no se recupera?
8. ¿Me gustaría vivir con una persona que me tratase como me trato a mí misma?

9. ¿Es necesario perseguir a quien quiere quedarse conmigo?

10. Y si mañana ya no estoy, ¿me atrevería hoy?

11. ¿Echo de menos a la persona o cómo me sentía con ella?

12. ¿Es lo mejor para mí o lo hago para no herir a nadie?

13. ¿Estoy segura de que vale todo lo que duele?

14. ¿Con quién estoy cuando me siento mejor conmigo misma?

15. ¿Está hablando conmigo o solo contesta a lo que yo le cuento?

Quiero que en esta página contestes a las preguntas de la página anterior que más te hayan removido al leerlas. Párate. Relájate. Céntrate. Ponte música tranquila y escribe. Te ayudará a replantearte en qué punto estás ahora mismo. Qué es lo que quieres mantener o cambiar de tu vida.

1.

2.

3.

4.

5.

6.

7.

8.

9.

10.

11.

12.

13.

14.

15.

LO HAGO POR MÍ
LO HAGO POR MÍ
LO HAGO POR MÍ
LO HAGO POR MÍ
LO HAGO POR MÍ
LO HAGO POR MÍ
LO HAGO POR MÍ
LO HAGO POR MÍ
LO HAGO POR MÍ
LO HAGO POR MÍ
LO HAGO POR MÍ

Hay veces que no nos paramos a escuchar lo que sentimos,
hasta que no leemos una pregunta que nos hace reflexionar.

¿En qué inviertes tu energía?

¿Estás haciendo lo que te llena?

¿Realmente merece la pena?

¿Cuántas veces tienes que perderte
para dejar de buscar a alguien que no quiere que le encuentres?

¿Cuántas cosas te has perdido por miedo al qué dirán?
¿Cuántos de los que te preocupaba su opinión siguen estando?

¿Vas a dejarlo todo en manos del tiempo?
¿Y si esto sí depende de ti?

¿Te has planteado cosas leyendo todo esto?
Pues igual ahí tienes una respuesta.

COSAS QUE NO ME MEREZCO

1. Sentirme mal por priorizar mi salud mental.
2. Perderme a mí por no perder a alguien.
3. No darme el tiempo que necesito.
4. Culpabilizarme cada vez que alguien sin responsabilidad afectiva cambia su actitud.
5. Ser el «si me da tiempo» de alguien.
6. Que me afecten los comentarios y opiniones de gente que realmente no me conoce.
7. Menospreciar mis logros e impedirme disfrutarlos.
8. Pedir perdón por cosas que no hice.

9. Las amistades que me quieren ver bien solo cuando no estoy mejor que ellas.

10. Seguir sufriendo por cosas que ya no tienen solución.

11. Exigirme más de lo que soy capaz y después culparme por no haber llegado a todo.

12. Sentirme mal por alejarme de gente que no me hace bien.

13. Un amor tóxico, que me promete quererme bien y hace que cada vez me quiera peor.

14. No permitirme fallar.

15. Que apague mi luz por encender la de los demás.

REFLEXIÓN

¿Cuántas veces nos ha pasado algo bueno
y hemos pensado «de verdad merezco esto»?
¿Y cuántas veces nos ha pasado algo malo y nos hemos
autoconvencido de que de alguna manera
nos lo merecíamos?

Creo que tenemos un concepto equivocado de la palabra «merecer». Tendemos a pensarlo desde la perspectiva de los de fuera, del qué pensarán los demás cuando esto me pase o cuando se enteren. Y deberíamos siempre preguntarnos a nosotros. Porque lo que luchamos, lo que vivimos y lo que pasamos cada día solo lo sabe uno mismo. Nadie de fuera lo siente como tú en tu piel. Y nadie tiene el poder de juzgar sobre ello.

Y esto de que depende de nosotros el saber lo que realmente merecemos, me da que pensar. ¿Acaso permitiríamos que alguien hablase mal a una persona a la que queremos? ¿Dejaríamos que sufriera por cosas que no van con ella? ¿Permitiríamos que estuviese enganchada al teléfono todo el día esperando a que un imbécil le conteste cada cuatro horas? Encima, sin ganas ni implicación. ¿A que no? Entonces, ¿por qué permites que te pase todo eso a ti?

No esperes a que venga tu mejor amiga, tu madre o alguien de confianza a decirte: «Sal de ahí, no mereces esto». Ponte enfrente del espejo, abrázate fuerte y repítetelo hasta que te des cuenta. Porque en el fondo lo sabes, pero no confías en tu criterio. Y ahí está el principal problema.

LO QUE SÍ MEREZCO ES...

Amor sano, mutuo y leal.

Hablarme bonito todos los días.

Empezar por mí, aprender a priorizarme.

Perdonarme por mis errores.

Enfocarme en mis objetivos, no en los del resto.

Que me dediquen tiempo de calidad.

Un hombro en el que sé que siempre seré bienvenida,
sin pedirme nada a cambio.

Darme el tiempo que necesito hasta poder estar mejor.

Empezar eso que siempre estoy posponiendo.

Dejar fluir mis emociones sin avergonzarme de ellas.

No te mereces todo el daño que te han hecho,
ni siquiera el que te han hecho creer que merecías.

No te mereces el «amor» tóxico
que se disfraza de amor protector.

No te mereces priorizar las necesidades de los demás
antes que las tuyas.

No te mereces sufrir por cosas que ya pasaron
o que ni lo han hecho
ni sabes si van a suceder.

No te mereces todas las cosas feas que te dices
ni el poco amor propio que a veces te tienes
(porque no, tener amor propio no es quererte un día al mes...
se trabaja a diario).

Repítelo conmigo:
NO TE LO MERECES.
PON LÍMITES.
AJUSTA TUS PRIORIDADES.
PONTE EN PRIMER LUGAR.
Y PERDÓNATE, POR FIN.

FRASES QUE NO ENTENDÍ
HASTA QUE LAS VIVÍ

LA ACTITUD LO CAMBIA TODO

1. Nunca sabré cuándo será la última despedida; la última vez que hable o vea a alguien.
2. Debo aprender a disfrutar de mi soledad, porque será mi mejor compañía.
3. A veces la vida no me está diciendo «no», sino «espera».
4. Si lo hice con el corazón, lo hice bien.
5. No debo tener prisa, sino disfrutar cada etapa.
6. Solita puedo.
7. El momento perfecto no existe.
8. Para poder querer a alguien, primero tengo que quererme yo.

9. La actitud lo cambia todo.

10. Para la persona equivocada nunca seré suficiente.

11. Nunca disfrutaré del dinero, el poder y el éxito si antes no consigo felicidad.

12. Las personas a las que quiero no van a estar conmigo toda mi vida.

13. Puedo enamorarme de alguien enamorado de otra persona. No todo es como en las películas. No todas las historias de amor salen bien. Y no pasa nada.

14. Una nota o un diploma no define mi inteligencia.

15. Mi mente puede ser mi mejor amiga... o mi peor enemiga.

Lo estás haciendo bien.

COSAS QUE NECESITAS OÍR, AUNQUE DUELAN

Hay frases que en el fondo ya sabemos, pero que necesitamos oír o leer para darnos cuenta de cuánta razón o peso tienen en nuestra vida. Te dejo algunas que igual te ayudan:

- Las relaciones necesitan mutualidad. Reciprocidad. Habrá veces que uno tenga que dar más que el otro, pero cuidado con ser siempre la que más dé.
- Te caes. Te haces un moratón (= inseguridad). Conoces a alguien. Te ve ese moratón, y te da un golpecito con el dedo. Le dices que te duele. Te pide perdón. Pero al día siguiente vuelve a hacerlo. Y así cada día. Con cada golpecito, por pequeño que sea, el moratón duele un poco más. ¿Te quedarías junto a esa persona? Pues eso.
- Si un día lo eres todo y al día siguiente parece que no existes, ahí no es.
- Siempre hay tiempo para lo que realmente se tiene ganas.
- Lo de esperar para contestar a alguien por hacerte el interesante está pasado de moda. Si te interesa, muéstrale ese interés. No pierdas el tiempo a lo tonto.
- Si en una relación no hay comunicación, está destinada al desastre.

Hay tantas cosas que no entendí
hasta que la vida me las gritó...

A veces damos por hecho ciertas frases o consejos,
como si los entendiésemos de primera mano;
cuando, en realidad,
lo único que sabemos es su teoría.

Pero ¿y lo que cuesta ponerlo en práctica?
Sobre todo, cuando nadie te avisa de que es tu turno.

También puede ser que la vida te ofrezca algo increíble
que nunca pensaste que sería para ti,
y de repente te encuentres
sin saber qué hacer con tanto.

«CUANDO SEA LA PERSONA CORRECTA,
LO VAS A SABER».
Después entendí por qué siempre tuve el listón tan alto...
Porque había alguien que lo cumplía sin esfuerzo.

«LOS AMIGOS SE CUENTAN
CON LOS DEDOS DE UNA MANO».
De pequeña pensaba que era muy triste,
porque cuantos más, mejor, ¿no?
El tiempo me enseñó que es mejor calidad que cantidad,
y, a día de hoy, me sobran dedos.

«NO SABES LO QUE TIENES
HASTA QUE LO PIERDES».
El sentimiento más doloroso del mundo
es cuando te das cuenta de que ya no hay vuelta atrás.

«SOLITA
PUEDO».
Por todas las veces que no podía
y, al final, pude y conseguí mucho más.

LO QUE NO QUIERO VOLVER A SENTIR

BALENCIAGA

1. Mi corazón rompiéndose en pedazos.
2. Odio hacia mi cuerpo.
3. La presión en el pecho cuando me doy cuenta de algo que no me esperaba.
4. Que voy perdiendo mi esencia.
5. Que nada me llena.
6. Dependencia emocional.
7. Que tengo la culpa de todo.
8. Ser «la amiga a la que nunca eligen».
9. Que mi presencia incomoda.
10. La decepción por parte de alguien que no me esperaba.
11. Dar la cara por alguien que me estaba apuñalando por la espalda.
12. Miedo al abandono.
13. Ese: «Ya no puedo más».
14. Que soy insuficiente.
15. Una despedida inesperada y dolorosa.

TODO LO QUE SIENTES, VIVES,
SUFRES Y DISFRUTAS
MAÑANA SERÁN APRENDIZAJES.

NO ES LO QUE TE PASA,
ES CÓMO GESTIONAS LO QUE TE PASA.

TIENES TODO EL DERECHO DEL MUNDO
A ESTAR MAL.
PERO TAMBIÉN A SER FELIZ.
NO LO OLVIDES.

JUEGO DE VERDADERO O FALSO

A veces, cuando te sientes mal, no eres capaz de ver la salida. Pero la vía de escape está ahí, ante tus ojos. Solo tienes que analizar cómo te sientes y observar tus emociones desde un punto de vista diferente.

PENSAMIENTOS INTRUSIVOS:

Ya no puedo más. __________

Soy insuficiente. __________

Nada me llena. __________

Si me deja, me muero. __________

Me da ansiedad cada vez que siento que alguien está raro conmigo. __________

Odio mi cuerpo. __________

Todo el mundo me excluye. __________

Me siento sola rodeada de mis «amigos». __________

Me da miedo la soledad. __________

MEJOR REFORMÚLALOS:

→ Necesito ayuda.

→ No han sabido valorarme como merezco.

→ ¿Qué me hace sentir vacía?

→ Soy la única persona imprescindible en mi vida.

→ Mi estabilidad mental no debe depender de las actitudes de los demás conmigo.

→ Mi cuerpo cambiará a lo largo de mi vida, porque está vivo y porque es quien me permite vivir y disfrutar. Debo aceptarlo y respetarlo.

→ Nadie ha sabido apreciar todavía todo lo que tengo por dar. No se merecen mi compañía, ni yo la suya.

→ Voy a invertir mi tiempo en quien realmente me haga crecer como persona.

→ Voy a aprender a pasar tiempo conmigo, mimarme, escucharme y darme lo que necesito. Mi soledad siempre será mi mejor compañía.

ESA SENSACIÓN...
de tu corazón rompiéndose en mil pedazos
y tú escuchándolo caer,
sin tener fuerzas ni para agacharte a recogerlos.
Dejarlos ahí,
sabiendo que un plato roto nunca vuelve a ser el mismo
y que algo en ti ha cambiado para siempre.

La sensación
de presión en el pecho
y un nudo que ahoga,
cuando tu corazón se da cuenta de algo
que tus ojos no querían ver.

Te chocas con la realidad
de frente
y a mucha velocidad
porque realmente no te lo esperabas,
y aceleraste hasta el último segundo.

Y quien te estrella no viene a socorrerte.
Ni siquiera se disculpa.
Como si no hubiese pasado nada
y fuese todo una exageración de las tuyas.

La sensación de estar cayendo,
y cayendo,
y cayendo...,
escuchando la frase de
«cuando tocas fondo solo te queda impulsarte».

Pero tú no llegas a ese fondo.
No consigues impulsarte.
Solo cierras los ojos hasta dejar de caer.

SÉ LO QUE SE SIENTE
Y NO QUIERO VOLVER A SENTIRLO.

Aunque debemos tener en cuenta
que todo esto son situaciones
que nadie nos enseña a vivir;
y, lamentablemente,
la vida te las pone en el camino, sin avisar.

COSAS QUE ME
DAN MIEDO

1. Tener que irme del sitio en el que de verdad quiero quedarme.
2. Que me traicione alguien que pensé que nunca lo haría.
3. Que se me haga tarde.
4. Convertirme en un recuerdo más.
5. Perder la conexión con alguien a quien aprecio mucho.
6. Vivir tan deprisa que se me pase la vida sin darme cuenta.
7. Que todo vaya bien por fin y, de repente, se tuerza.
8. La sensación de haberlo perdido todo.

9. Que se cansen de mí por ser yo misma.

10. No saber decir «sí» y «no» a tiempo.

11. El abandono.

12. Olvidar la voz de alguien que ya no está en mi vida.

13. No llegar nunca a aceptarme.

14. Que sea la última vez que esté haciendo algo y no lo sepa.

15. Volver a pasar por lo que me destrozó.

QUÉ DECIRLE AL MIEDO

El miedo produce más miedo. Es importante aprender a llevarnos bien, o al menos mejor, con él, y una buena forma es, en lugar de huir, plantarle cara y decirle:

- ¿Eres real o solo un pensamiento distorsionado por mi ansiedad?
- Sé a lo que vienes y no te lo voy a permitir.
- Sé que a veces no puedo enfrentarme a ti, pero cada vez te controlo mejor.
- Quiero que entiendas que puedo con esto yo sola. No necesito tu ayuda.
- Si estás aquí es porque esto realmente me importa. Así que, bienvenido.
- Cada vez que apareces para que dé un paso atrás tomo impulso hacia delante.
- Te conozco tanto que sé perfectamente por lo que has venido. Entiendo tu intención de aviso, pero lo superé hace tiempo.
- Puedes irte. Ya no duele.
- Gracias por enseñarme a escucharme y cuidarme siempre que llegabas. Me has hecho estar más cerca de mí que nunca.
- Hola, viejo amigo. Otra vez por aquí. Menos mal que ya sé cómo calmarte.

Tenemos tanto miedo a no llegar a tiempo, que, al final, nunca hacemos nada por llegar.

Creo que todo el mundo tiene miedo a algo en la vida,
y es normal, no pasa nada.
Sin miedo no habría emoción;
tras haberlo superado,
tras haberlo conseguido,
tras haber evolucionado con él.

Además, la mayoría de las veces llega por querer
siempre contentar a los demás,
cuando, en realidad, a quienes tenemos que hacerle
ver lo que valemos
es a nosotros mismos.

Es un error querer apartar todos los miedos de golpe,
como si no formaran parte de nosotros,
porque, en realidad, nos hacer ser quienes somos.

Al miedo hay que cogerlo de la mano y caminar con él,
hasta entender qué quiere decirnos,
y dejar que se vaya cuando creamos que es el momento.

No esperes a culpar al miedo por no haber podido conseguirlo
cuando tuviste oportunidad.

El miedo siempre estará ahí,
lo importante es la manera en la que lo afrontas y lo trabajas.

Hay que entenderlo para que nos entienda a nosotros.
Y entonces ir a por ello.
Aunque sea con miedo.

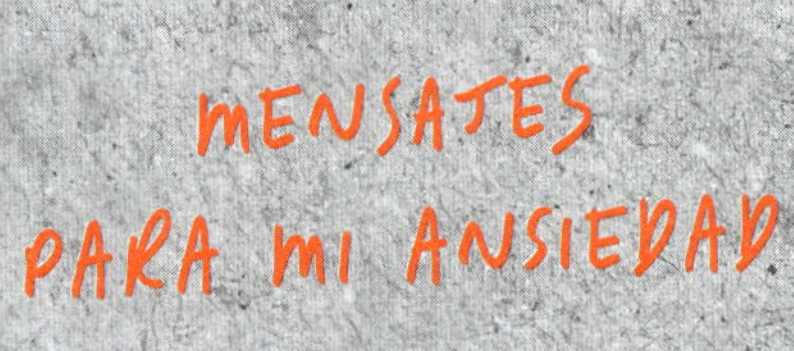
MENSAJES
PARA MI ANSIEDAD

1. Sé que quieres protegerme, pero estoy bien.

2. Deja de mentirme. Lo que me estás haciendo creer no es real.

3. Lo sé, lo siento... Debí prestar más atención a eso que me preocupaba. Por eso estás aquí.

4. Voy a contar hasta diez, y quiero que te hayas calmado, ¿vale?

5. Deja de jugar a los disfraces. Sé que eres tú aunque me hagas creer que no a través de síntomas físicos.

6. No eres un infarto. Deja de agarrarte al pecho de esa manera.

7. Por fin he aprendido herramientas para saber manejarte mejor y convivir contigo.

8. Sé que me tienes cariño, pero nuestra relación es complicada. Prefiero que nos dejemos de ver por un tiempo.

9. No eres tú, soy yo. Y sé que tengo que trabajar para aliviarte.

10. ¿No te cansas de ser la protagonista de todos mis pensamientos?

11. A veces te pones insoportable.

12. Nunca me había alegrado tanto de que alguien se distanciase de mí, hasta que empezaste a hacerlo tú.

13. Bendito el día en el que aprendí a escucharte.

14. Estoy trabajando en mí para que nuestra relación funcione mejor.

15. He conocido a alguien. Es mi psicóloga.

REFLEXIÓN

Quien sufre de ansiedad sabrá de lo que le hablo.
Esa sensación de que nadie entiende lo que te pasa,
pero tú sientes que tu mundo se está
desmoronando poco a poco.

Te miran como diciéndote: «Pero si estás sano y tienes todo en la vida, ¿qué más quieres?». Juzgándote con una mirada que te grita que eres un desagradecido.

La ansiedad puede llegar de mil maneras. En mi caso, se ha manifestado de un montón de formas distintas a lo largo de mi vida. Algunas veces me dan muchas náuseas y siento que voy a vomitar (cosa que nunca termina pasando). Otras, se agarra en las cervicales y apenas puedo mover el cuello sin marearme. A veces, empieza a faltarme el aire, me siento aturdida y quiero escapar del sitio en el que me encuentro cuanto antes. También he tenido toda mi vida muchos tics nerviosos y manías compulsivas. Y todas las formas que todavía no he sabido reconocer, pero que en algún momento descubriré porque me acompañarán toda la vida.

El día que pude ponerle nombre a todo lo que me pasaba, el nudo del pecho se deshizo un poquito. Y digo un poquito porque todavía quedaba muchísimo trabajo por hacer.

No obstante, aunque pude ponerle nombre, mucha gente todavía era muy prejuiciosa con el tema de ir al psicólogo, y así, seguía siendo la rara. Era la niña que se inventaba síntomas con tal de llamar la atención. Porque, claro, para ellos yo estaba sana. Tenía que estar inventándomelo. Sin embargo, yo me sentía más aliviada.

No voy a negar que al principio me asusté, hubo un momento en el que deseé que me encontrasen alguna enfermedad física para que todo terminase. Y, cuando me enteré de que lo que me pasaba venía de mi cabeza, me asusté aún más. «Joder, es más fuerte de lo que pensaba». Pero con ganas, esfuerzo y muchísimo trabajo mental, empecé a comprenderme poco a poco.

La ansiedad viene para avisarte de que algo no está del todo bien en ti. Yo había pasado una infancia complicada, con problemas en el colegio, en el instituto... Y, bueno, una vida un pelín ajetreada, podríamos decir. Y había (y hay) muchísimas heridas que quedaban por cerrar y ni siquiera sabía que existían. Solo pude saberlo cuando mi ansiedad empezó a gritármelo a través de mi cuerpo.

Fue entonces cuando entendí la importancia de pedir ayuda. De dejarse ayudar. Y también me sentí muy orgullosa de mí, porque conseguí reunir las fuerzas para entender algo que llevaba años evitando escuchar: mis pensamientos.

MENSAJES QUE TE PUEDE ESTAR MANDANDO TU ANSIEDAD

La ansiedad no es más que una alarma que pretende alertarte de algo que sucede en tu interior que no termina de estar bien del todo. Por eso es superimportante escuchar los mensajes que te manda tu cuerpo para poder ayudarte y entenderte. Si nos imaginásemos la ansiedad como algo tangible o como una persona, igual nos estaría diciendo esto:

- Para. Vas demasiado deprisa. No hace falta hacerlo todo ya.
- Te exiges demasiado. No todo tiene que ser perfecto siempre.
- Tienes demasiada presión externa. Piensa en si tu entorno te hace bien.
- Has vivido mucho estrés y necesitas parar y canalizarlo.
- Necesitas procesar las cosas que te han ocurrido. Deja de esconderlas.
- Haces demasiadas cosas. Prioriza las importantes.
- Necesitas más descansos. No por hacer más horas, serás más productiva.
- Deja de evitar esos pensamientos intrusivos e intenta averiguar lo que quieren decirte.
- Quizás es hora de pedir ayuda a un profesional.
- No pienso callarme hasta que no me escuches.

Ay, vieja amiga...
Me costó mucho aprenderme tus disfraces.
De hecho, todavía me sorprendes con alguno nuevo de vez en cuando.

Apareces cuando dejo la mente en *stand by,*
con mis sentimientos a la deriva, sin prestarles atención.

Vienes también a recordarme mis miedos,
a pesar de que los tengo bien identificados.
Siempre hay alguno pendiente por trabajar.

Tardé mucho tiempo en comprender que no eras mi enemiga,
sino mi alarma interior.

No eras algo externo a mí, sino una parte de mí,
que está dormida y se despierta cuando algo no va bien.

Vienes para avisar de que algo pasa.

Antes te odiaba,
intentaba callarte de cualquier manera,
y eso solo hacía que sonaras cada vez más fuerte.

Ahora, siempre que vienes, te pregunto:
¿para qué?
¿por qué?
¿qué quieres decirme?
¿qué puedo hacer para que te vayas?

No desde el odio, sino desde la comprensión.
Porque sé que cuando calle mis ruidos, volverás a dormirte.
Y eso solo lo conseguiré trabajando en mí.

NUNCA ES TARDE
PARA APRENDER...

'Memorable, dazzling and breathtaking entertainment'
ABBA Voyage
A concert like no other

1. Lo genial que es estar conmigo.
2. Que también hay límites en la amistad.
3. Que a veces querer con todo el corazón no es suficiente.
4. A valorar los momentos antes de que se conviertan en recuerdos.
5. Que mi salud mental es lo primero y más importante.
6. Que el tiempo no vuelve, y a veces damos por hecho que tenemos todo el del mundo cuando, en realidad, no lo sabemos.
7. Que guardar rencor me hace más daño a mí.
8. Que, si tengo que pedir algo tantas veces, igual es que no es para mí.

9. A soltar a tiempo.
10. Que no puedo cambiar a nadie.
11. Que el orgullo no me hace ningún favor.
12. Que el amor no duele.
13. Que no todo el mundo que se hace llamar «amigo» realmente lo es.
14. Que nadie tiene el derecho a faltarme el respeto.
15. Que las decisiones correctas suelen ser las más difíciles de tomar.

REFLEXIÓN

Todo tiene solución menos la muerte.
No te estoy diciendo que puedas romper algo
y recomponerlo como por arte de magia.
O que si metes la pata, todo vaya a volver a ser como antes
sin más. Pero puedes buscar
una solución. Un plan B, C, D...

Si quieres solucionarlo, encontrarás la manera. Siempre la hay. Puede que sea haciendo exactamente lo mismo, pero cambiando un detalle, o haciendo algo totalmente distinto que te lleve al mismo final. Pero si quieres, puedes.

Y todo esto te lo digo porque muchas veces pensamos que es tarde para algo cuando, en realidad, nunca lo es. Nunca es tarde para intentar hacerlo mejor.

Vale, la cagaste con tu mejor amiga y no quiere volver a verte. Una situación incómoda y desagradable, lo sé. Pero ¿tú tienes la conciencia tranquila? Porque eso es lo importante en la cuestión. Puede que hicieras algo que le doliese mucho, pero ¿le explicaste todas tus razones? ¿Te mostraste arrepentida, dolida, culpable? Somos humanos, todos nos equivocamos alguna vez. Tiene todo el derecho del mundo de no querer perdonarte, pero, al menos, diste todo de ti. Ahora tienes que coger ese error y aprender de él para no volver a repetirlo con nadie que te importe.

Con encontrar una solución, me refiero a todo lo que dependa de ti.

Obviamente no puedes cambiar los sentimientos o pensamientos de otra persona ni los resultados de algo externo, pero sí puedes hacer todo lo que esté en tu mano para ello. Y si resulta no ser, sabrás que tú diste todo de ti para intentar conseguirlo.

Y esa era tu solución:
intentarlo hasta sentirte orgulloso.

Otras posibles soluciones también podrían ser, aunque no sean tan evidentes, mantener la distancia, respetar que la otra persona no esté preparada para perdonarte, dar el tiempo necesario…

A veces la solución será mucho más fácil, otras será complicada, y otras veces ni siquiera la entenderás. Pero si la buscas, la encontrarás. Ya depende de ti qué hacer con ella.

NUNCA ES TARDE PARA...

Pedir perdón.

Empezar de cero contigo.

Darte cuenta de que es hora de dejar de intentarlo.

Mejorar tus hábitos.

Estudiar y perseguir tu sueño.

Mejorar cada día como persona.

Entender lo que creías incomprensible.

Dar(te) otra oportunidad.

Mandar ese mensaje.

Abrir los ojos, dar las gracias e irte de donde no te valoran.

Hacer ese viaje que siempre soñaste.

Sacar algo bueno de una herida.

Dejar de pensarlo tanto y empezar a sentir.

Nunca es tarde para aprender...

Aprendí tarde a apreciar la velocidad del tiempo.
Cuando pensaba que tenía todo el del mundo,
de repente, se acabó.
Hay años de mi vida que nadie va a devolverme.
Me los pasé queriendo que pasaran rápido.
Cuanto más, mejor.
Cuanto antes llegara a la meta, más feliz sería.
Más capaz.
Más yo.
De lo que no me di cuenta fue de que seguiría siendo
la misma niña
y no cambiaría hasta que no me parase a conocerme.
Escucharme.
Entenderme.
Esos años que pasé casi con los ojos cerrados
nadie me los puede devolver.
Pero sí tengo en mi mano lo que hacer a partir de hoy.
Sé lo que quiero contar.
Aprender.
Experimentar.
Sé que llegar tarde me hizo darme cuenta
de que todavía tengo tiempo.
Al menos, el de ahora mismo.
Que es el único que tenemos asegurado.

COSAS QUE NO DEPENDEN DE MÍ

1. La felicidad de los demás.
2. No recibir lo mismo que doy.
3. Que mi cuerpo cambie por el paso del tiempo.
4. Que el amor se acabe.
5. Los sentimientos de otro hacia mis decisiones.
6. Que, a pesar de poner todo mi empeño, algo salga mal.
7. Cómo y cuánto me quiere la gente que quiero.
8. Que haya gente que quiera hacerme daño.
9. Mis bajones emocionales.
10. Salvar a los demás.
11. Que mi entorno no avance al mismo ritmo que yo.
12. Las decisiones que tomen los demás respecto a sus vidas.
13. Que me traicionen.
14. Que no hayan sabido quererme bien.
15. Los imprevistos.

REFLEXIÓN

Te sorprendería saber la de tiempo que pasan
tus pensamientos rumiando cosas que no pueden cambiar.
Pensar en algo todo el rato, no va a hacer
que desaparezca. En todo caso, agrandará
tu ansiedad y preocupación.

Solemos anticiparnos a los acontecimientos para poder estar preparados en el hipotético caso de que terminen pasando. Y lo entiendo. De hecho, yo lo hago y siempre lo he hecho. Pero no debería ser así. Marian Rojas, en su libro *Cómo hacer que te pasen cosas buenas,* explica que nuestro cerebro no es capaz de distinguir una amenaza real de una imaginaria.

En ambas situaciones se pone en alerta y el estrés entra en acción, haciendo de toda la historia que te estás imaginando una bola de nieve que cada vez es más y más grande. Y esa misma bola te estallará en la cara cuando te des cuenta de que nada de lo que estás pensando realmente va a pasar. Lo mejor de todo es que no depende de ti si pasa. No puedes hacer nada para evitarlo. Y solo estás malgastando tu tiempo anticipándote a una situación irreal.

¿No crees que es muchísimo más productivo invertir tu energía y pensamientos en algo que sí dependa de ti? En hacer las cosas que te hagan crecer como persona. Dar rienda suelta a tu productividad y creatividad.

Es lógico que nos sintamos desconectados de la motivación y creatividad. La mayor parte del tiempo agotamos nuestra mente pensando en cosas que no nos sirven para nada.

Lo cierto es que, cuando vienen pensamientos intrusivos, no debemos bloquearlos ni apartarlos, sino darles espacio. Dedicarles tiempo y entender por qué vienen. Pero eso no quiere decir que todo tu tiempo debas estar pensando en ello, sino que trates de entenderlos, comprenderlos, calmarlos y, una vez hecho, a otra cosa. Porque la mayoría de las situaciones que se dan en tu cabeza no son reales y no dependen de ti.

Aprende a saber diferenciar lo que sí puedes cambiar.
Guarda tu energía para eso.

LO QUE SÍ DEPENDE DE MÍ ES...

- Tratar de dar lo mejor de mí.
- El enfoque con el que afronto los problemas.
- Cómo trato a los demás.
- Cómo me trato a mí.
- Mis decisiones.
- Mis ambiciones.
- Cómo organizo mi tiempo.
- En qué y en quién invierto mi tiempo.
- Los detalles que tengo con la gente que quiero.
- Abandonar o seguir intentándolo.
- Empezar nuevos proyectos.
- Cuidar mis hábitos.
- Decir «te quiero» a mis seres queridos.

Hay más cosas que no dependen de ti
de las que eres consciente.

No depende de ti si alguien decide alejarse de tu vida.
Las personas vienen y van,
y no sabemos hasta cuándo quieren quedarse.

No depende de ti la felicidad de los demás.
No puedes salvar a todo el mundo.

No depende de ti el caerles bien a todos.
Trata de ser la persona que querrías tener al lado,
con eso es suficiente.

No dependen de ti las cosas que sucedan a tu alrededor.
Si es un mal día o un buen día.
Es la vida quien decide eso, no tú.

Tampoco depende de ti tu estado emocional.
Habrá días donde te sientas triste sin motivo, y no pasa nada.
O momentos muy felices sin venir a cuento.
Acompáñate.

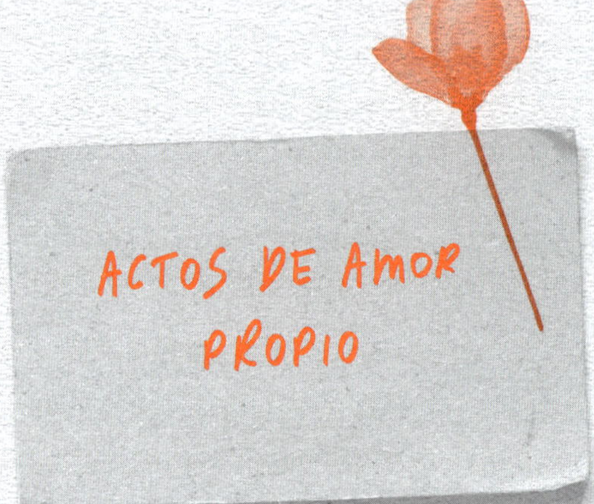
ACTOS DE AMOR
PROPIO

1. Estar sola sin sentirme sola.

2. Saber escuchar lo que necesito.

3. No aferrarme a lo que debo dejar ir.

4. Dedicarme tiempo.

5. «No perdí, me perdió».

6. Estar para mí siempre que me necesite.

7. Abrazar mis sentimientos.

8. Elegir compañía que me haga crecer como persona.

9. Ser yo, sin importar el resto del mundo.

10. Cuidar de mi salud mental por encima de todo.

11. Agradecer lo que tengo.

12. Entender que elegir mi paz mental no es ser egoísta.

13. Alejarme de situaciones y personas que afectan a mi salud mental.

14. Establecer límites sanos con mi entorno.

15. Entender que pasar por una mala racha no es retroceder.

ENERGY GIVERS / ENERGY TAKERS

Los *energy givers* son aquellas cosas o acciones que nos recargan la energía, mientras que los *energy takers* son los que nos la restan. Puedes encontrar más información sobre este tema en el artículo de Laurie Jonas «Energy Givers and Energy Takers: How to Protect Your Energy» (https://shorturl.at/oCRT6).

He hecho una tabla con algunos de los que yo considero importantes, pero siempre puedes hacerte la tuya propia, ya que cada uno sabe lo que le beneficia y lo que no:

ENERGY GIVERS

Quince minutos de sol diario.
Leer un buen libro.
Dormir entre siete y ocho horas.
Reír.
Hacer ejercicio.
Dedicar tiempo a mi *self care*.
Potenciar mi creatividad.
Agradecer.
Salir a que me dé el aire, pasear.
Pasar tiempo de calidad con la gente que quiero.
Jugar con mi mascota.
Llamar a mis seres queridos.
Alimentarme bien.

ENERGY TAKERS

Pensar demasiado o darles muchas vueltas a las cosas.
Pasar demasiado tiempo enganchada a las redes sociales y las pantallas.
El estrés.
No descansar.
Las personas tóxicas.
No dedicarme tiempo.
Comer mal, rápido y sin nutrirme.
Ir por la vida en piloto automático.

El amor propio es esa semilla que plantas
cuando ni siquiera tienes fuerza para poder regarla día a día,
pero haces un sobreesfuerzo porque sabes que es por tu bien.

Aún sin ganas y sin apenas motivación,
la mimas, la cuidas y le dedicas tiempo cada día.

Cuanto más crece ese pequeño brote,
más ganas te dan de seguir cuidando tu plantita.
Porque ves resultados.
Y te sientes bien al saber que, dentro de poco,
florecerá gracias a ti.

Esa plantita es tu amor propio.
Y esa falta de motivación es tu baja autoestima.

La única manera de mejorarla es trabajando en ti.
Aunque no tengas fuerzas, aunque no encuentres motivos.
Trata de esforzarte cada día un poquito.

A medida que veas cómo mejora, tendrás más ganas de hacerlo.
Te conocerás cada vez mejor, te hablarás más bonito.
Dejarás de criticarte para empezar a admirarte.

Hasta que te des cuenta de que esa semilla
no era de una simple flor.
Estabas dando vida a un árbol precioso que te acompañará
el resto de tu vida.
Sus raíces, son las tuyas.
Y cuanto más fuerte esté, más acompañada te sentirás.

Cuida esa semilla.
Es el principio de todo.

VERDADES INCÓMODAS SOBRE EL AMOR PROPIO

CROSS
SHOP
OFF-PISTE
Rediscover the joy of Christmas shopping with 100+ shops, festive markets, Club Curling & more.

1. Tener que hacer cosas que me incomodan o me generan malestar es parte del proceso.
2. Hay que tomar decisiones difíciles en las que no todo el mundo saldrá bien parado.
3. Debo poner límites a gente a la que he acostumbrado a ceder siempre.
4. Aguantar que me llamen egoísta por priorizarme.
5. Debo aprender la difícil tarea de decir que no a quien siempre le he dicho que sí a todo.
6. Soportar comentarios como «has cambiado».
7. Sentir que avanzo muy despacio o incluso que retrocedo.
8. Tengo que aprender a disfrutar de mi soledad cuando llevo toda la vida sintiendo la necesidad de estar rodeada de gente para no sentirme sola.
9. Debo corregir el hábito de decirme cosas feas. Darme cuenta de todas las veces que lo hago inconscientemente.

10. Aprender a escucharme, incluso cuando llevo toda la vida evitándolo.

11. Tengo que esforzarme por quedarme a solas conmigo misma e intentar caerme bien, porque a veces soy la persona a la que peor trato.

12. Tener que corregir hábitos y admitir que hay muchas cosas que hago mal.

13. Mantener conversaciones incómodas para tratar de sanarme por dentro y soltar.

14. Salir de mi zona de confort nunca es algo que me apetezca hacer, porque nunca es buen momento para ello, pero un día hay que levantarse y hacerlo.

15. Encontrar palabras bonitas que decirme a mí misma cuando no soy capaz de verlas. Es una tarea muy complicada que requiere tiempo y dedicación, pero que debo hacer.

REFLEXIÓN

Saber quererte bien no es tan bonito como lo pintan. De hecho, el proceso hasta llegar ahí es de los más duros que existen, porque nadie te enseña cómo aprender a tratarte diferente cuando llevas toda tu vida haciéndolo mal.

Es como si llevases años cocinando las croquetas de una manera. Todo el mundo te dice que están riquísimas, a ti también te encantan y ya te sabes la receta de memoria, pero cada vez que las comes, te duele muchísimo la barriga. Tu médico te dice que vas a tener que cambiar la receta, porque no te está haciendo bien... Y tú tienes que aprender una nueva manera de cocinarlas, desde cero. El proceso no es lineal; empezarás poquito a poco, con fallos. Se te olvidarán algunos ingredientes y te sabrán insípidas o demasiado saladas. Tendrás que volver a hacerlas de nuevo. Hasta que poco a poco irás perfeccionándolas. Y llegará el día en el que te gusten incluso más que las originales.

Lo mismo pasa con el amor propio: cuando te dicen o te das cuenta de que llevas toda la vida haciéndolo mal, vas a seguir haciéndolo mal por un tiempo. Pero lo importante es que cada día lo sabrás hacer mejor que el anterior. Irás viendo tus avances e irás aplicando todo lo que vayas aprendiendo, poco a poco y sin prisa. Y, ojo, esto es una cosa que nunca se deja de aprender. Pero el saber hablarte y tratarte, cambia totalmente el juego de tu vida.

Por el camino te encontrarás muchos baches. Por un lado, los que tú misma te pongas, que son totalmente normales cuando te falta la energía y fuerza mental necesaria para este proceso tan tedioso. Pero si encima le sumas los baches externos, se complica aún más la cosa. Habrá gente que te llamará egoísta por empezar a priorizar tus necesidades, y les resultará raro porque llevas toda la vida apagando incendios que eran de ellos mientras tú te estabas achicharrando viva con el tuyo interno. También te dirán que has cambiado de forma despectiva, porque ya no serás la persona complaciente que reía las bromas de mal gusto o la que iba detrás de todos por miedo al abandono. Sí, has cambiado, y deberías sentirte muy orgullosa por ello.

El camino que te lleva al amor propio es un proceso difícil que te hará querer tirar la toalla más de una vez. De hecho, fallarás unas cuantas veces. Pero no te preocupes, porque perdonarte también forma parte del aprendizaje. Y cuando menos te lo esperes, te estarás comiendo la mejor croqueta del mundo disfrutando de tu compañía.

HAS CAMBIADO...
ESA ES LA IDEA.

El amor propio no es ese ramo de flores.
No son los pétalos de colores, los tallos firmes ni su increíble olor.

El amor propio son las manos llenas de tierra.
Las rodillas hincadas en el suelo del jardín.
Aguantar los contratiempos.
Soportar que muchas mueran,
a pesar de haberles dedicado tu tiempo y cariño.

El amor propio es sacrificio.
Hacer cosas que no te apetecen porque lo agradecerás con el tiempo.
Es constancia, aprendizaje y superación.

Tener mucha paciencia;
habrá flores que florecerán muy rápido y sin esfuerzo
y otras que necesitarán mucho más tiempo y dedicación.

Y cuando unas estén listas, será el turno de otras.
Hasta que llegue el momento de echar la vista al frente
y presenciar tu precioso jardín.
Lleno de colores y vida.
Lleno de ti.

Porque todo el esfuerzo tiene su recompensa,
pero no todo es tan bonito como se ve desde fuera.

Y si quieres mantenerlo, tendrás que seguir trabajando;
cada vez con más herramientas y conocimientos,
pero con el mismo esfuerzo.

Pero, esta vez,
sabrás que es lo mejor para ti.
Y el esfuerzo se convertirá en motivación.

VERDADES DOLOROSAS
SOBRE SANAR

1. Tengo que reconocer mis heridas y saber qué o quién me las hizo para poder sanarlas. Y eso a veces es muy complicado.

2. Perderé amistades, vínculos y lugares porque ya no encajarán con la nueva versión de mí.

3. Tendré que admitir mis propios errores.

4. Tendré que pedir perdón a algunas personas. Y a mí misma también.

5. Mucha gente no entenderá mi evolución porque ellos se quedarán e intentarán sabotearme.

6. Me encontraré muchos baches por el camino que harán que quiera volver a mi zona de confort.

7. Gente que creía conocerme me dirá que ya no me reconoce (y eso es bueno).

8. Me decepcionarán muchas personas que creía que me apoyarían.

9. Habrá días que ni me dé cuenta de que tengo las heridas, y otros que creeré que no puedo soportar el dolor.

10. Tendré que aceptar todas las cosas que tengo que cambiar de mí.

11. Tendré que soltar muchas manos que me impiden avanzar.

12. Cuesta darse cuenta cuando lo estás haciendo.

13. Voy a tener que hacer cosas que no me apetecen, pero que son buenas para mi salud mental porque forman parte del proceso.

14. Necesitaré dedicarme mucho tiempo y, para ello, tendré que reaprender a distribuirlo.

15. Me darán consejos que me parecerán absurdos, aunque sea con la mejor de las intenciones. Hay que escucharlos todos, porque quizás en un futuro los entienda.

Todo está en tu mente. Haz las paces con ella.

PARA SANAR TAMBIÉN ES NECESARIO...

Admitir que no estás bien.
Admitir que necesitas ayuda.
Ir a terapia.
Pedir perdón por el daño que has causado.
Aceptar tus debilidades.
Abrazar tus emociones.
Expresar tus sentimientos.
Poner límites sanos.
Romper vínculos que no te hacen bien.
Seguir luchando por tus objetivos, a pesar
de que nadie confíe en ti.

Intentarlo.

Nadie nos prepara para sufrir.

Por mucho que alguien pueda explicarte cómo se siente el dolor,
hasta que no lo estás viviendo
y te está quemando cada ápice de tu piel,
no llegas a entenderlo del todo.

Y creo que nunca llegas a acostumbrarte
a esa sensación
que de vez en cuando llama otra vez a tu puerta.

Lo que sí puedes mejorar es tu actitud frente a él.
Cambiar la mirada que le echas.
Guiñarle un ojo para ir ganándote su confianza.
Invitarlo a pasar.
Ofrecerle agua, algún snack.

Preguntarle qué hace ahí.
Tratar de que te explique cómo puedes hacer para calmarlo.
Sin asustarlo o intentar echarlo a la fuerza.

Sino comprendiéndolo.
Acariciando su herida.
Que también es la tuya.

Y así, hasta sanar.

HÁBITOS
TÓXICOS
QUE ABANDONÉ POR
MI SALUD MENTAL

1. Hablarme mal cuando algo no sale como planeaba.
2. Atribuir mis logros a la suerte.
3. No saber identificar lo que me incomoda, asusta o agobia.
4. No dedicarme tiempo cuando más lo necesito, aunque para eso tenga que decir que no a gente a la que aprecio.
5. Rogar amor y atención.
6. No saber poner límites, ni a mí ni a los que me rodean.
7. Reprimir mis sentimientos y no dejar que salgan.
8. Permitir que el qué dirán me haga dejar de hacer lo que me apetezca.
9. Pensar que no merezco lo bueno que me pase.

10. Dar explicaciones de absolutamente todo lo que haces.

11. Negar cualquier cumplido que te hagan o no creerte lo que te dicen.

12. Necesitar la aprobación de los demás.

13. Esperar que el destino cambie mi vida sin tomar acción para conseguir lo que quiero que ocurra.

14. Dudar de mi valía y de mi capacidad para afrontar los baches que vengan.

15. Estresarme y agobiarme por cosas que no merecen la pena ni dependen de mí.

En esta página quiero que escribas la siguiente frase muchas veces, en diferentes formas, tamaños, con distintas tipografías y colores, con recortes... Deja volar tu imaginación, pero, sobre todo, haz que se te quede grabada para siempre. Es importante interiorizarla. Si te gusta cómo te ha quedado, siempre puedes recortar la página y pegarla en un sitio donde puedas verla todos los días:

MEREZCO SER FELIZ

FORMAS DE DECIR «NO»

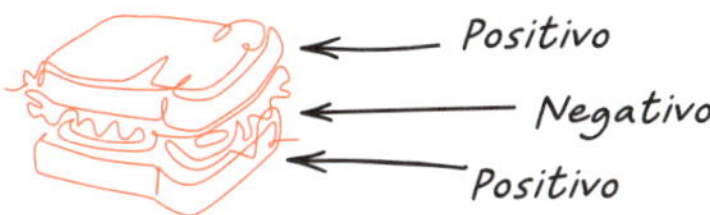

Voy a explicarte la técnica del sándwich. Antes de nada, dejar claro que no me la he inventado yo, sino que muchos psicólogos han hablado ya de ella, por ejemplo, Elena Sanz en la revista digital *La mente es maravillosa* (https://lamenteesmaravillosa.com/la-tecnica-del-sandwich/).

La técnica del sándwich es un recurso que se utiliza en terapia (que es donde la conocí) para aprender a decir que no de forma empática sin dejar de rechazar la petición por miedo o vergüenza. Consiste en decir un primer mensaje positivo, como por ejemplo: «Gracias por pensar en mí para este plan», seguido del mensaje de rechazo a dicha proposición «pero hoy no me apetece salir», y finalizar con otro mensaje positivo: «mañana te hablo para cuadrar cuándo podemos vernos».

Algunos ejemplos podrían ser:

- Gracias por la invitación, pero ¿lo podemos dejar para otro día? Hoy me apetece descansar.
- Suena genial, pero no me apetece hacer ese tipo de plan hoy. ¿Te parece si pensamos otra cosa?
- Me encantaría ayudarte, pero no tengo la energía ni la fuerza mental para hacerlo. Espero que me entiendas y, sobre todo, que encuentres a alguien que te pueda ayudar mejor que yo ahora mismo.
- Gracias por preocuparte, pero hoy no me encuentro muy bien anímicamente y no me apetece estar con nadie. En cuanto pueda y tenga fuerzas, te cuento.

¿Por qué nos incomoda hablar de estabilidad emocional?
Nos cuesta ponerle nombre a eso que nos está
quitando la paz mental,
y, sobre todo, identificarlo entre tanto ruido.

El primer paso es aceptar que debes darlo.
El segundo, buscar ayuda.
El tercero, empezar.
Y el cuarto, tener paciencia contigo.

Nos han hecho creer que estar mal no está bien,
pero que es lo normal.
Y es justamente al revés:
estar mal, y permitírtelo, está bien, pero no debería ser lo normal.

Párate a pensar en todos esos hábitos que te están consumiendo.
Esos que, en el fondo, sabes que deberías haber cambiado
hace tiempo.

No te preocupes:
nunca es tarde para empezar a hacerlo mejor.

Cada persona tiene su ritmo, su proceso y su historia.
No permitas que algo te mate solo porque llevas
toda la vida con ello
(y con esto hablo de hábitos y de personas).

Ojalá estas palabras te hagan reflexionar
y, al menos, dar el primer paso.

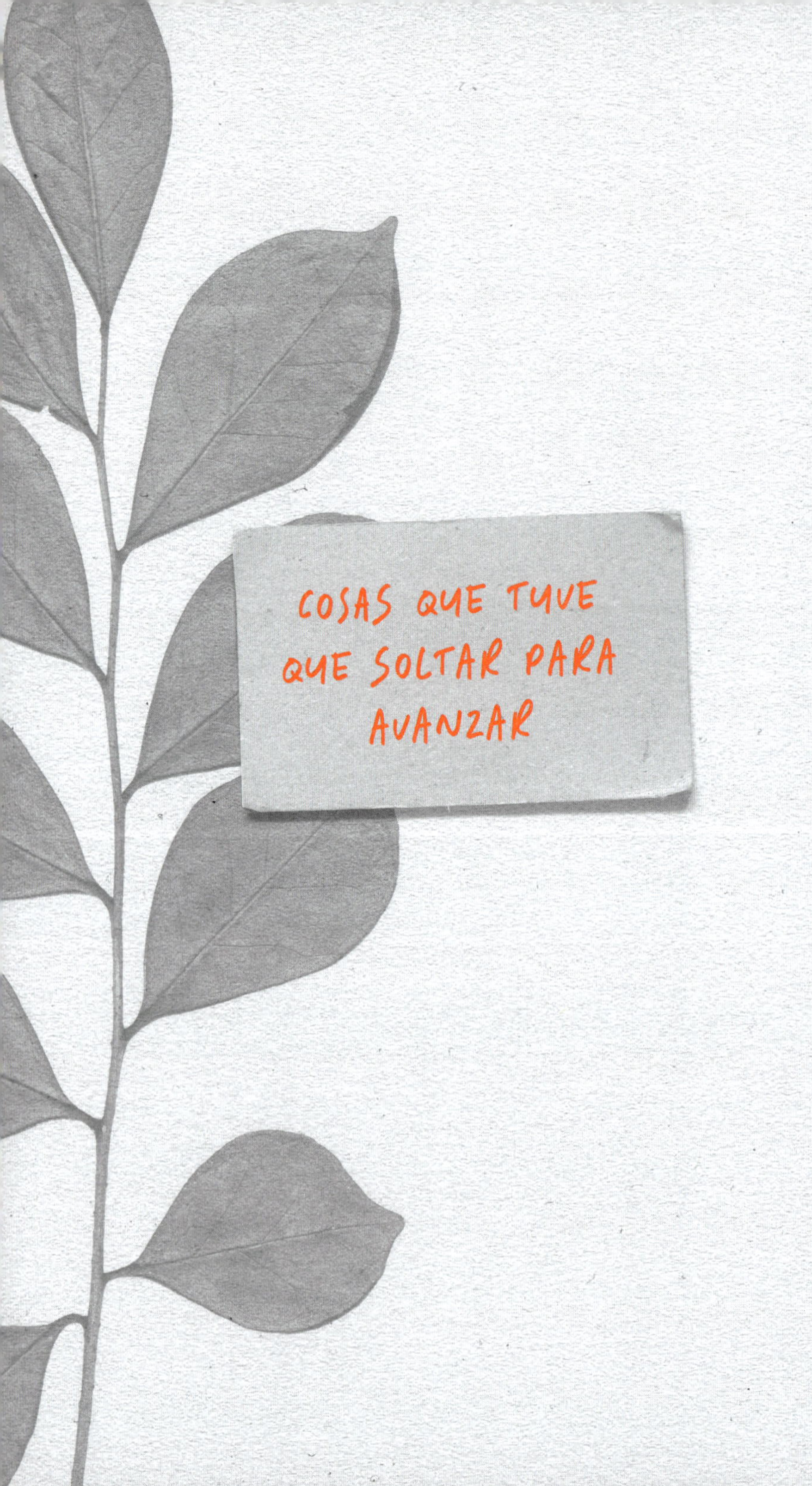
COSAS QUE TUVE
QUE SOLTAR PARA
AVANZAR

SUELTO Y CONFÍO

MI YO DEL PASADO HACÍA...

1. Curar las heridas de los demás mientras las mías siguen abiertas.
2. Intentar encajar donde nadie quería hacerme un hueco.
3. Decir «ya se me pasará» en vez de escucharme.
4. Autosabotear mi felicidad.
5. Mantener amistades tóxicas solo porque eran de toda la vida.
6. Preocuparme con antelación por cosas que no sé si van a pasar.
7. Tratar de ser perfecta.
8. Hacer las cosas solo por complacer a los demás, y no a mí.
9. Hablarme mal.
10. Compararme con los demás.
11. La necesidad de tener todo bajo control.
12. Juntarme con personas que no me aportaban nada por miedo a la soledad.
13. Aguantar en una relación donde no era feliz, por comodidad y rutina.
14. Fingir que estoy bien por no preocupar a nadie.
15. Pretender ayudar o cambiar a alguien que no quería mi ayuda.

MI YO DEL PRESENTE HARÍA...

1. Sanar mis cicatrices y ofrecer mi ayuda cuando me sienta preparada.
2. Irme de donde no se valora mi presencia.
3. Preguntarme: «¿Qué te está queriendo decir ese sentimiento?».
4. Disfrutar de mi vida.
5. Cerrar puertas antiguas y oxidadas para abrir ventanas con paisajes mejores.
6. Entender que mi preocupación no tiene el poder de cambiar nada.
7. Entender que mi mejor versión es la que me permite ser humana.
8. Preguntarme qué es lo que realmente me apetece.
9. Hablarme bonito y corregir cuando me hablo mal sin querer.
10. Darme cuenta de que soy única, y eso me hace muy especial.
11. Entender que hay miles de cosas que no dependen de mí.
12. Aprender a disfrutar de mi compañía y no rogársela nunca a nadie más.
13. Irme de los sitios de donde no soy feliz, salir de la zona de confort.
14. Pedir ayuda cuando la necesito.
15. Entender que no puedo cambiar a nadie y que hay gente que no quiere ser ayudada.

Quiero que en esta página hagas una lista con los hábitos que te hacen bien y te generan paz mental, y otra con los que sientes que te impiden avanzar, que te hacen ir más despacio y que, por tanto, deberías soltar y abandonar. Esto te servirá para visualizar lo que te hace bien y mal de una forma más clara y te ayudará a reforzar unas cosas y a abandonar otras, siempre poco a poco y sin prisa.

1. Bookearme masajes en River Holistic y reflexología y otras terapias de bienestar
2. Programar sesiones de terapía con mi psichologa
3. Meditar con la applicación Petit Bambou
4. Pasear por Phoenix Park, especialmente el camino de los arbolés.
5. Relajar en la sensory room en la oficina y admirar/contemplar el paisaje
6.

1. Criticar

2. Comer mucho azucar

3. Quedarme en casa encerrada sin mover ni tomar el aire

4.

5.

6.

NO SABES
SI HAY DESPUÉS

No fue una tarea fácil,
porque cuesta mucho admitir
que hay ciertas cosas
que, aunque te vaya a resultar incómodo y doloroso,
tienes que hacer por ti.

Tuve que soltar manos que llevaba tiempo agarrando tan fuerte
que no me había dado cuenta
de que la única que sostenía la relación era yo.

Lo supe con la hostia que me di al caerme al suelo
y, además de eso, ver que nadie venía a levantarme.

También tuve que reaprender a hablarme,
porque después de tanto tiempo sin quererme
se me había olvidado cómo de importante es
decirte todo lo bonito que tienes.

Tuve que dejar de compararme,
de sentirme inferior
por ver a alguien llegando antes que yo a la meta;
entendí que quizás no habíamos empezado a la vez,
ni con la misma fuerza o experiencia.

Tuve que dejar de decir a todo y a todos que sí,
aprender a decir que no,
y entender que no por dejar de hacer lo que todos hacían
yo me estaba perdiendo experiencias inolvidables.

Porque cualquier cosa que yo hubiese escogido antes que eso,
para mí, ya lo eran;
solo por el hecho de saber disfrutarlo conmigo
y estar cuidando lo más valioso:
MI SALUD MENTAL.

«AMIGA, DATE CUENTA».
ESTO ES UNA RED FLAG

1. Que deje la conversación sin solucionar las cosas «hasta que se te pase».

2. «¿En serio estás llorando por eso?».

3. Que su orgullo siempre vaya por delante de mí.

4. «Yo soy así y no puedo cambiar».

5. Que haga «bromas» con mis inseguridades.

6. Que invalide mis emociones.

7. «No te avisamos porque pensamos que no vendrías».

8. Que siga haciendo las cosas que le he dicho que me duelen.

9. «No es por nada, pero no te pega nada llevar eso».

10. «Qué pesada».

11. Que no acepte que podemos pensar diferente mientras sea con respeto.

12. Que me cuente su vida, pero nunca le interese la mía.

13. Que haya días que me dé todo y otros nada.

14. Que menosprecie mi esfuerzo y mi trabajo.

15. Que vea como algo innecesario la comunicación en la relación.

REFLEXIÓN

Antes de nada, a pesar de que supongo que por el contexto lo sabrás, las *red flags* son indicadores o señales del comportamiento de otra persona que te están avisando de que ahí no es. Actitudes tóxicas, ofensivas, violentas... Muchas de estas acciones se camuflan como buenas intenciones: «Solo te estoy dando un consejo», «Lo digo por tu bien», etc.

Creo que para poder ser consciente de que te están tratando mal, primero debes tratarte bien tú. Quererte, saber tu valía. Lo que mereces y, sobre todo, lo que no mereces ni quieres en tu vida. No vale el: «Yo sé que va a cambiar por mí, me lo ha prometido». No, amiga. No vas a conseguir cambiarle, deja de querer convencerte de que sí. Si cambia, lo hará porque quiera hacerlo y te lo demostrará con actos, no con palabras. Y esos actos deberán ser sostenidos en el tiempo. No vale hacer una cosa bien y cuatro mal. Así no.

Por supuesto, todos hemos tenido *red flags* en algún momento de nuestras vidas. No nacemos sabiendo y mucho menos con responsabilidad emocional. Creo que eso se aprende con el tiempo y con mucha empatía. Por eso no hay que cancelar a nadie porque muestre estas conductas de forma puntual. Siempre pueden hablarse las cosas, comunicarle al otro lo que te hace daño o te genera malestar y ver si hace por cambiar.

El primer paso es aceptar tus errores. El siguiente paso es cambiarlos. El último paso es sostener esos cambios en el tiempo y eliminar los que hacían daño.

Lo que sí tienes que tener claro son los límites que necesitas imponer para tu estabilidad mental y dejarlos muy claros. Ya depende de lo que le importes a la otra persona el hecho de si decide cumplirlos o no.

En tu mano solo está defender tu valía.

LEY DEL HIELO

Que te hagan el vacío o te ignoren como si no existieras... Todos hemos vivido alguna vez en primera persona esta *red flag* que tanto daño hace y tanta ansiedad genera, incluso hemos llegado a normalizarla muchas veces, cuando no debería de ser así. Esto se conoce como la ley del hielo.

Pero entrando en materia, ¿qué es? Consiste en ignorar a una persona con la que tienes algún vínculo por medio de comportamientos a modo de castigo. Se produce cuando uno de los dos piensa que el otro ha hecho algo mal y decide hacerle el vacío tanto con silencios en la comunicación verbal, como con aislamiento emocional y físico. Vamos, traduciendo: hacer como si no existe. Si quieres leer más sobre este tema, te recomiendo el artículo «La "ley de hielo" una forma de abuso que castiga con el silencio» (https://awenpsicologia.com/que-es-la-ley-de-hielo/).

- El «castigador» actúa con falta de empatía, frialdad y distanciamiento emocional, y castiga con el silencio.
- Algunos ejemplos podrían ser:
- Dejar de responder mensajes y no coger las llamadas.
- Fingir que no te escucha.
- No responder a tus preguntas o hacerlo con monosílabos.
- No mostrar afecto ante tu sufrimiento (por ejemplo, dejarte llorar).
- Evitar el contacto físico y visual.

Visto así, yo creo que todos en algún momento de enfado hemos actuado de esta manera. Pero ¿cómo nos hemos sentido cuando lo han hecho con nosotros? Esta conducta puede llegar a hacer mucho daño emocional, y deberíamos reflexionar sobre ello. Puedes estar muy enfadado, puede que la otra persona la haya fastidiado mucho (y no quiero incluir casos graves, hablo de problemas banales), pero no reprimas sus sentimientos.

La clave y la solución a cualquier conflicto es y será siempre la comunicación. Si no quieres perdonar a esa persona, se lo dices: «Me has hecho mucho daño. Espero que entiendas mi situación y mi decisión de cortar esto aquí», pero no desapareces de repente y para siempre. Si te ha molestado algo en su actitud, se lo comunicas también: «Quiero hablar contigo sobre algo que has hecho y que me ha molestado», pero no le haces el vacío hasta que lo adivine.

Antes de hacer algo que pueda desestabilizar la paz mental de alguien a quien aprecias, piensa ¿te gustaría que esa persona te lo hiciese a ti? ¿Cómo te sentirías? Demuestra que tú sí tienes responsabilidad afectiva.

Tú sabes cuánto vales, sabes lo que mereces
y la forma en la que deben quererte.

Y si no lo sabes, no pasa nada,
solo párate a pensar si te sientes identificada
con todas esas actitudes
y si te merece la pena quedarte ahí.

Ahí donde no eres tú.
Ahí donde te anulan,
donde solo se te valora
cuando ya estás abriendo la puerta para irte.

Busca dentro de ti.
Escucha lo que necesitas,
y si te lo ha hecho creer o lo siente de verdad.

PÁRATE A PENSAR
SI LAS SUMAS EN REALIDAD RESTAN,
Y SI LO QUE CREES QUE TE LLENA,
TE ESTÁ VACIANDO.

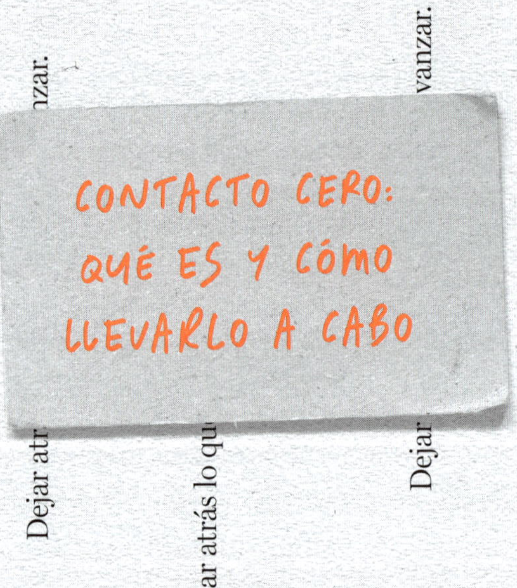

CONTACTO CERO: QUÉ ES Y CÓMO LLEVARLO A CABO

Dejar atrás lo que me impedía avanzar.

Dejar atrás lo que me impedía avanzar.

1. Cortar cualquier relación que me esté haciendo daño, evitando todo tipo de contacto.
2. Desconectar de alguien para conectar conmigo.
3. Obligarme a superar algo para no dejar que ese algo me supere.
4. La escayola que necesita un corazón para poder curarse.
5. Desintoxicarme de alguien que me ha hecho mal.
6. Reaprender a ser yo sin esa persona.
7. Deshacerme de la dependencia emocional.
8. Aceptar que voy a dejar de saber de alguien a quien conocía a la perfección (pero no me hacía bien).

9. Un recordatorio de que mi felicidad depende solo de mí.
10. Romper algo del todo para que empiece a cicatrizar.
11. Tiempo para reflexionar sobre lo que realmente quiero.
12. Un proceso doloroso al principio y sanador al final.
13. Dejar atrás lo que me impedía avanzar.
14. Reprimir mis deseos por cuidar mi salud mental.
15. La idea de no saber de alguien me hace superarlo.

Yo
He tomado una decisión por mi salud mental.
Sé que no es lo que ninguno de los dos querríamos, pero no puedo más. Necesito alejarme de ti de una vez por todas.

X
Pero pensé que podríamos ser amigos y seguir hablando a pesar de todo...

Yo
Tú sabes que ahora mismo no podemos ser amigos. En un futuro, quién sabe, pero ahora mismo es imposible. Los sentimientos están a flor de piel y cualquier cosa que haga el otro nos va a hacer daño.

X
No quiero separarme de ti... Siento que me vas a olvidar.

Yo
Mi idea no es olvidarte, sino sanarme. Cerrar por fin tu herida y ponerle fin a esta historia que escuece tanto cada vez que reavivamos la llama.

X
Pero nos queremos. Mucho.

Yo
A veces con querer mucho no es suficiente. Tú y yo nunca supimos querernos bien. Y a pesar de que lo intentamos, lo mejor para los dos es esto.

X
¿Podremos seguir en contacto?

Yo
No sabes lo que me duele decirlo, pero no. Necesito contacto cero contigo y con todo lo que tenga que ver con nosotros. Necesito que dejes que la herida duela sin que vengas tú a intentar curarla y acabar los dos otra vez con más cicatrices por el cuerpo.
Necesito encontrarme, aunque eso conlleve perderte.

TIPS PARA CUMPLIR EL CONTACTO CERO

(de la mejor manera posible)

Como con todo, el contacto cero podemos hacerlo en cualquier relación. Aunque esté muy enfocado a la pareja, porque es lo más usual, también puede hacerse con amistades, familiares..., con cualquier persona que te esté impidiendo avanzar y necesites sanar su herida sin que esté presente en tu vida. Espero que estos consejos te ayuden:

- Deja de seguirle en todas las redes sociales y silencia a las personas de su círculo más cercano: conseguirás que tus pensamientos de «¿Qué estará haciendo?» se disipen, porque no sabrás nada sobre su vida.

- Evita los lugares que frecuentabais o donde puedas encontrarte con esa persona o con alguien de su círculo cercano.

- Cuéntale a tu círculo cercano que la relación ha terminado y que has decidido lleva a cabo el contacto cero con esa persona (o, dicho de otra forma, no quieres saber nada de ella). Así evitarás que te estén preguntando, recordando cosas o incluso tratando de convencerte para que retoméis la relación.

- Empieza a hacer cosas nuevas, algo que te motive y mantenga tu mente entretenida en aquellos momentos en los que estarías pensando en esa persona: por ejemplo, empieza clases de cerámica, de dibujo, de baile, de *crossfit,* de ganchillo…, de lo que sea y que te evada de la realidad.
- Pasa tiempo de calidad con gente que te ayude a sanar y crecer: hay veces que necesitamos que alguien de confianza nos recuerde por qué estamos haciendo lo que estamos haciendo, antes de recaer y tener que volver a empezar. Acude a esa amiga que sabe hacerlo con cariño y respeto, pero a la vez abriéndote bien los ojos.

Contacto cero es tomar una decisión que te va a doler,
pero sabiendo que es por tu salud mental.

Cortar contacto para retomarlo contigo.

Será incómodo.
Te preguntarás mil veces si realmente vale la pena.
Recaerás.
Volverás al inicio.

Pero después de tantos golpes,
no te va a apetecer hurgar más esa herida.
Sabes que sigue sangrando,
y que cuanto más la miras, más duele.

Es hora de desinfectar,
limpiarla bien,
coser,
no tocar.

Cubrirla con una gasa temporal que te impida verla.
Mientras sana.
Mientras sanas.

Y cuando estés preparada,
Destapa la cicatriz.
Apréciala.

Agradécele todo lo que te ha enseñado.
Y quédate con eso.

FORMAS DE DECIR «ADIÓS» SIN DECIRLO

"YA NO SOMOS"

1. Ya no somos.

2. Nos merecemos que nos quieran mejor de lo que nosotros nos quisimos.

3. Te recordaré siempre en esa canción.

4. Te mereces volar, y yo te corto las alas.

5. Amiga, por mucho que te quiera con todo mi corazón, no me haces bien. Y prefiero estar menos llena sin ti que dañada por ti.

6. Yo sí te quería, cuídate.

7. Te necesito lejos para volver a sentirme cerca.

8. Cuando dejé de ver el brillo en tus ojos, supe que era el momento de irme.

9. Ojalá te hubiera conocido en el momento correcto.

10. Mamá, nos hacemos más daño juntas que separadas.

11. Gracias por enseñarme cómo no quiero que me quieran.

12. La vida nos juntó por algo, y ahora nos está separando por algo.

13. Ya no me siento invencible cuando estoy contigo.

14. Ojalá pudiera cambiar lo que siento, pero ya no siento nada.

15. Amiga, gracias por todo. Te llevaré siempre conmigo.

Yo

Entonces, ¿es un adiós?

X

Creo que eres el adiós que nunca sabré decir.

Yo

Pero para sanar los dos, tenemos que despedirnos.

X

Lo sé. Pero me duele tanto...

Yo

Tenemos que aprender a querernos a nosotros mismos para poder querernos bien el uno al otro. No quiero pedirte que me esperes. Haz tu vida, sé feliz, vuela muy alto. Consigue todo lo que me has contado que quieres alcanzar. Porque sé que lo harás. Y cuando eso pase, yo estaré en el otro lado muy orgullosa de ti.

X

Y yo te buscaré entre los brazos que vengan a abrazarme. No creo que deje nunca de hacerlo.

Yo

Primero encuentra consuelo en los tuyos.
Si vamos a tomar esta decisión, tenemos que hacerlo bien.
Sé muy feliz, por favor.

X

Dejemos que el tiempo haga su labor...

Yo

... y mientras tanto, aprovechémoslo.

FRASES PARA EVITAR UNA POSIBLE DESPEDIDA

Las despedidas a veces son inevitables, pero en ocasiones una sola frase puede cambiarlo todo. Porque sí, a veces esperamos esas palabras. Y, como no llegan, nunca damos el paso. Aun así, puedes intentarlo todo y que al final nada cambie. Pero al menos lo intentaste, y esa espina no se quedará contigo para siempre.

- Quiero mejorar por ti y por la relación.
- Voy a cambiar lo que te hace daño. No pienso permitir que esto se rompa por mi culpa.
- ¿Podemos hablar? Sin alterarnos, sin enfadarnos. Solo quiero entenderte.
- Me duele que hagas esto. Por favor, ¿podrías intentar cambiarlo por mí?
- Siento si estoy ausente o distante. No estoy pasando por una buena racha anímicamente. Pero no tienes culpa de nada. Gracias por estar.
- Vales mucho más que mi orgullo. No te quiero perder.
- Lo siento.

- Tienes derecho a enfadarte conmigo. Solo quiero que sepas que me arrepiento muchísimo de lo que ha pasado y espero que algún día puedas perdonarme.
- Explícame lo que te pasa. Quiero entenderte.
- Si estamos fallando en esto, lo trabajaremos juntos. No te preocupes.
- Ojalá las cosas fueran diferentes, pero son así. Solo quiero que sepas que estaré aquí. Pase lo que pase.
- Te mereces lo mejor a tu lado. Y yo voy a luchar por ser mi mejor versión para ti.

Decir adiós es un acto de valentía,
y mucho más cuando no quieres decirlo.

Vas a tener que decir adiós muchas veces en tu vida;
algunas veces lo estarás deseando, otras te pillará de sorpresa
y las peores serán en las que no tengas ocasión de hacerlo...

Tendrás que despedirte de
amistades, amores e incluso familiares muy cercanos.
O de una versión de ti que ya no te pertenezca.

Un adiós puede tener muchos significados:
«hasta nunca»,
«hasta luego»,
«hasta siempre».

Dependiendo de lo que te haya tocado vivir con esa persona,
tendrás que decir uno u otro, pero todos son necesarios.

No tengas miedo a cerrar etapas,
puede que perder a esa persona sea la única manera
de encontrarte a ti.

A veces, la muestra de amor más grande que existe
es decir adiós.

MENSAJES PARA QUIENES YA NO ESTÁN

1. Desde que te fuiste no he vuelto a encontrar refugio en nadie.
2. Nunca pensé que dolerías tanto un día cualquiera.
3. Por favor, baja un rato aquí conmigo, tengo tantas cosas que contarte...
4. Sé que tú me pintas los cielos más bonitos.
5. ¿Por qué?
6. Todo lo que me enseñaste lo llevaré siempre conmigo.
7. Lo siento.
8. Pasan los años y sigo sintiéndote igual de cerca.

9. He conseguido eso que te prometí que conseguiría.

10. Ojalá pudiera escucharte reír una vez más.

11. Perdóname por todas las veces que no supe estar a tu lado.

12. Espero que escuches todo lo que te digo cuando miro al cielo.

13. Tu silla vacía es la que más espacio ocupa.

14. Siempre serás mi ejemplo a seguir.

15. He vuelto a sonreír por ti. Porque sé que es lo que tú querrías.

A ti, que ya no estás.
Ojalá pudieras bajar un ratito para poder leerte esto.

Me acuerdo de ti todos los días.
Hay algunos que dueles mucho,
como cuando tu silla se ve vacía y ese vacío
inunda toda la casa.

Hay otras veces que vienes a mí en forma de sonrisa,
al imaginarte haciendo algo rutinario
o pensando qué consejo sé a la perfección que me darías.

Recordar tu voz todavía hace que se me erice la piel.
Cuando huelo tu perfume o ese olor tan característico tuyo.
A hogar.

Creo que lo que peor llevo es haber dado
por hecho tu presencia
durante todos estos años
y ahora añorarla tanto. Tantísimo.

Que me pase algo y querer ir corriendo a contártelo.
No poder hacerlo y pensar en todas las veces que pude
y no lo hice.

Entender la frase que me quema el pecho al pronunciarla:
«Cuida lo que tienes, porque no sabes hasta
cuándo lo tendrás».

Solo espero que, estés donde estés, me mires con orgullo.
Porque todo lo que estoy consiguiendo siempre será por ti.

Pega en esta página una fotografía de alguien que ya no esté en tu vida y que eches mucho de menos. Si no tienes foto, dibújalo. Escribe en la siguiente página el mensaje que le quieres enviar. Hazlo con sentimiento, desde el corazón. Impúlsalo hacia donde esté.

Y si no tienes a nadie a quien poner, agradécelo.
No sabes la suerte que tienes.
Valora a quien te rodea, porque nadie es eterno.

«Te lo envío con toda la fuerza que tiene tu recuerdo, porque solo muere quien es olvidado, y quien toca el alma, no se olvida».

PEQUEÑO MANUAL PARA SANAR UN CORAZÓN ROTO

TEN PACIENCIA CONTIGO

1. Aprender a disfrutar de mi compañía en soledad.
2. A dedicarle tiempo al dolor, no ignorarlo.
3. Valorar el amor de las personas que me cuidan de corazón.
4. Aceptar la realidad y no culparme por ella.
5. Eliminar lo que hizo que tuviera que sanar.
6. No tener miedo a pedir ayuda.
7. Poner la música bien alta y disfrutar.
8. Hacer más cosas que me hacen feliz.

9. Aprender a vivir con grietas, hasta que curen.

10. Validar, escuchar y atender a mis sentimientos.

11. Involucrarme en proyectos que me motiven y me inspiren.

12. Disfrutar de las risas de mis amigos.

13. Perderme en un buen libro que me arrope con sus palabras.

14. Desconectar del mundo en sitios que me hacen reconectar contigo.

15. Probar cosas nuevas con las que me sienta a gusto.

Si algo puedo decirte sobre sanar es que te vas a desesperar más de una vez en el proceso. No es un caminito de rosas, ni mucho menos. Es más, es un camino lleno de rocas resbaladizas, que sabes que te llevará a un paisaje impresionante, pero en el que tienes que soportar las adversidades para poder disfrutar del destino final.

Cada persona sana a su ritmo y, sobre todo, a su manera. Hay heridas que te pedirán mucha compañía de amigas, gente que te haga reír y olvidarte de todo... Y otras que necesitarán soledad y quietud, para llorar y soltarlo todo sin que nadie te esté preguntando qué es lo que te pasa. Y, por supuesto, muchas heridas se curan de ambas formas. La manera en la que transites tu duelo es completamente válida.

A lo que voy es que cada herida llevará su cicatriz. Y solo tú sabrás lo que has pasado hasta conseguir sanarla. Incluso las que todavía están sin cerrar del todo, que serán las que protegerás con tu coraza hasta sentirte preparada. Y eso está bien.

No hay un manual exacto de cómo sanar un corazón, y hay mil formas de romperlo, lo que lo hace todavía más complicado. Pero lo que sí sé es que el tiempo de calidad contigo y con la gente «tirita» siempre siempre viene bien. Y también pensar que, en el fondo, te han hecho un favor.

Que no te dé miedo pedir ayuda. Que no te dé miedo soltar lo que llevas tiempo agarrando con el nudo de tu garganta. Que no te dé miedo llorar. Todo es parte del proceso y no estás sola.

SEÑALES DE QUE ESTÁS SANANDO

- Ya no le das tantas vueltas a lo que antes te quitaba toda tu energía.
- Eres capaz de poner límites sin sentirte mal por ello.
- Has dejado de sentirte culpable por algo que no rompiste tú.
- Sabes identificar los síntomas de tu ansiedad y anticiparte antes de que se agrave.
- Dedicas un tiempo al día a hacer algo que te llena.
- Te has quitado la coraza que impedía que los demás te conocieran realmente.
- Has aprendido a disfrutar de tu soledad y tu compañía sin sentirte sola.
- Ya no te preguntas qué estará haciendo esa persona constantemente.
- Ya no inviertes tu energía y pensamientos en odiar a alguien.

Un corazón sana dándole espacio.
Tiempo.
Cariño.
Comprensión.

Presionando la herida, aunque duela,
para curarla en profundidad.
Sin miedo al sufrimiento,
porque cuando menos te lo esperes,
se convertirá en alivio.

Un corazón sana hablando con personas «tirita».
De esas que con sus palabras
consiguen que se te olvide el dolor.
Que después de tanto,
salga una carcajada de tu corazón.

Sana entendiendo sus motivos.
Compadeciéndolo.
Dejándole llorar.
Acariciando sus grietas.
Prometiéndole que se irán.
Que le harán más fuerte.

Tu corazón sanará.
No tengas prisa.
Cada herida lleva unos cuidados distintos.
Acompáñate en todas.
Y aprende de cada una de ellas.

MENSAJES QUE PODRÍAN CAMBIARLO TODO

1. Sé que llego tarde, pero lo siento.
2. Solo necesitaba una disculpa por tu parte.
3. Éramos mi versión favorita.
4. Saldrás de esta.
5. ¿Y si lo volvemos a intentar?
6. Me alejé porque vi cómo te apagaba.
7. Gracias por enseñarme, pero es el momento de aprender sola.
8. Lloro con la canción con la que antes nos reíamos juntos. Y quiero volver a reír contigo.

9. ¿Cuándo será nuestro momento?

10. Te perdono porque tengo que sanar yo.

11. Ya es el momento. No esperes más.

12. Decirte adiós fue una de las decisiones más difíciles de mi vida.

13. ¿A qué esperas para priorizarte a ti de una vez por todas?

14. ¿Por qué odiarnos después de todo lo bonito vivido?

15. ¿Nos vemos y hablamos de todo lo que ha pasado?

REFLEXIÓN

Lo que nos cuesta darle a «enviar»...
¿Cuántos mensajes se han quedado en el chat para después ser borrados? Si los escribiste, fue porque los sentías.
¿A qué le tienes miedo?

Creo que no debemos de cohibir nunca un sentimiento. Obviamente, hay excepciones. Hablo de situaciones que podrían ser pequeñas discusiones ocasionadas por detalles que, cuando los analizas, en realidad no tienen tanta importancia. Cada uno sabe sus límites y sus criterios. Pero si echas de menos a alguien, ya sea de forma amorosa, de amistad o lo que sea, házselo saber. De verdad, no pasa nada.

El primer paso para mandar ese mensaje de reconciliación es dejar a un lado el orgullo, que suele ser el que nos impide la mayoría de las veces darle a enviar.

No pasa nada si esa persona no siente lo mismo. No pasa nada si no te contesta (porque eso también es una respuesta). No pasa nada si sus sentimientos no son los que hubieras deseado. No pasa nada porque tú estás siendo fiel a lo que sientes. Y se lo estás haciendo saber. Como supongo que querrías que hicieran contigo. Y si no lo intentas, nunca lo sabrás.

Hay veces que solo necesitamos un pequeño empujón para darnos cuenta de las cosas. Y hay gente que no es valiente para darlo. Sé tú quien tenga esa valentía. Da el primer paso. El siguiente ya no depende de ti. Pero sabrás que lo intentaste y que no se quedó en el «¿qué hubiera pasado?» que te acompañará toda una vida si realmente esa persona es importante para ti.

E igual pasa contigo mismo.
Hay mensajes que tienes que darte cada día que pueden cambiarlo todo.

Es muy grande el poder que tienen algunos mensajes sobre las personas y sobre nosotros mismos. Algunos no cambiarán nada, otros te decepcionarán (pero te estarán dando a su vez una respuesta) y otros lo cambiarán todo.

Si sientes que debes hacerlo, envíalo. Es el momento.

«Vales mucho más que mi orgullo. **Lo siento.** *Te mereces a alguien mucho mejor y me voy a convertir en esa persona por ti».*

Hay mensajes que llegan para desordenarnos la vida.
Nos remueven sentimientos que creíamos olvidados
o que nos habíamos convencido de que ya no existían.

Hay palabras que necesitamos soltar para poder sanar,
que te ahogan cada día que no las dices,
y te preguntan de mil formas
cuál es la mejor manera de hacerlo
sin que nadie salga herido.

Hay cosas que no queremos leer,
pero que sin ellas sería imposible abrir los ojos.

Las que te llegan como un jarro de agua fría,
y sientes ese alivio de después,
dando gracias a quien te lo tiró.

Hay mensajes que tienen tanta fuerza
que pueden cambiarlo todo,
¿te atreves a enviarlo?

SEÑALES QUE
INDICAN QUE ES
UNA RELACIÓN SANA

1. Hay amor sin posesión ni dependencia, pero sí respeto.
2. Existe un equilibrio entre ser mejores amigos y pareja a la vez.
3. Somos libres y, en esa libertad, nos escogemos.
4. «Siento que mi vida es más fácil contigo».
5. Cada uno es responsable de su propia felicidad.
6. Tenemos metas juntos, pero también separados.
7. Cada uno sanamos nuestras heridas para que no le acaben doliendo al otro.
8. No condiciona mi salud mental.
9. «Me quiero y te quiero».

10. Me da alas para volar y motivos para volver.

11. Sabemos pedir disculpas para ayudar a sanar el dolor que le hemos causado al otro.

12. Los dos brillamos sin apagar la luz del otro.

13. Comprendemos que no siempre será equitativo. Alguna vez recibiré más, y otras, tendré que darlo yo.

14. Se hacen cosas que quizás no apetecen, solo porque hará feliz al otro.

15. Puedes confiar bajo cualquier circunstancia.

REFLEXIÓN

Una relación sana cuesta mucho más trabajo del que nos hacen creer. No existe el flechazo a primera vista con el que, de repente, todo es de color rosa, tal y como quieres y, además, para siempre.

Primero, porque sí, puede que al principio no encuentres fallos en la otra persona, pero con el tiempo irás viendo cosas (aunque sean pequeñas) que habrá que trabajar. Tanto por tu parte como por la suya. ¿Y esto cómo se consigue? Con mucha comunicación, ganas y compromiso mutuo. Aplicable, como en casi todo, a cualquier tipo de relación: amorosa, amistad, familiar...

Si quieres mantener a alguien en tu vida te diré dos cosas: lo primero es que eso en la mayoría de los casos no dependerá de ti, así que no hagas esfuerzos innecesarios ni desgastes energía o pensamientos en lo que no puede ser. Mejor disfruta del presente. Y lo segundo es que tendréis que poner ambos de vuestra parte para forjar un vínculo sano.

No hace falta estar siempre de acuerdo en todo. No hace falta que tengáis los mismos gustos. No hace falta que ambos tengáis la misma personalidad, ni que sea tu media naranja. Es mucho más divertido cuando encuentras un medio limón y aprendéis cosas nuevas el uno del otro.

Habrá que tener muchas conversaciones incómodas para tratar los problemas desde la raíz. Habrá veces que uno tenga que dar mucho más, porque el otro no tiene la fuerza para ello. Y viceversa. Entender que no es un camino lineal, sino una montaña rusa donde sentirás mariposas, tensión, vértigo y, por fin, calma. Y vuelta a empezar. Porque como todo en la vida, las relaciones también tienen muchas etapas. Lo bueno de ir viviéndolas es que cada vez aprendes más herramientas para la próxima vez.

Escucharse.
Respetarse.
Apoyarse.
Entenderse.
Admirarse.
Cuidarse.

No entiendo otra forma de amor sano.

Me has cuidado
las alas hasta
que he vuelto
a poder volar
con ellas.

Una relación sana es aquella en la que la comunicación es la solución y nunca el problema.

A la que te apetece acudir
cuando no quieres estar en ningún sitio.

La que te cura sin darse cuenta,
porque te lo da todo desinteresadamente.

En la que puedes confiar con los ojos cerrados
y poner la mano en el fuego, sin miedo.

La que entiende que cada uno es responsable de su propia felicidad,
pero decidís compartir vuestro espacio personal con el otro,
porque ambos os complementáis.

Una relación sana es comunicación, respeto, confianza,
conexión, empatía y plenitud.

Calma en el alma y cosquillas en el corazón.

GREEN FLAGS: AQUÍ SÍ ES

RYANAIR
TLD
RY

1. «Estás preciosa cuando te quieres».
2. Que respete mis tiempos.
3. Que sea capaz de tener conversaciones incómodas y a tiempo.
4. Que presuma de mí en público, en privado y cuando no estés.
5. Que le brillen los ojos cuando le cuento algo que me emociona.
6. Que respete mis emociones, aunque no las comprenda.
7. «Buscaremos una solución entre los dos».
8. Que me traiga calma y paz en mis días o momentos más caóticos.

9. «¿Qué puedo hacer para que te sientas mejor?».

10. Que no repita los errores por los que ya pidió perdón.

11. Que me hable con respeto incluso en las discusiones.

12. Que me apoye en mi desarrollo personal.

13. «Si no te apetece, no pasa nada. Dímelo y no vamos, ¿vale?».

14. «Sigue contándome, me interesa mucho».

15. Que me mande algo (foto, canción, texto...) que le recuerde a mí.

A continuación, te invito a hacer una lista con las cualidades, valores o características que aprecies en las personas que te rodean, con el fin de tenerlas siempre presentes y no bajar el listón ni permitir nada menos de lo que mereces:

1.

2.

3.

4.

5.

6.

7.

AMIGA:

X
Tía, me lo paso genial contigo. Gracias por aparecer en mi vida.

Yo
¿De verdad? Nunca me habían dicho eso. Siéndote sincera, siempre he sentido que mi compañía sobraba en todos lados. Pero contigo es diferente.

X
Ellos se lo pierden. Eres una de las personas más divertidas que conozco. Me siento muy a gusto contigo y vuelvo con la energía recargada. Si no te hacen un hueco es porque no han querido, no porque no encajaras. No merecían tu amistad.

Yo
Has tenido que venir tú para que entendiera por qué otros no se quedaron...
Porque merecía algo mucho mejor <3

PAREJA:

X
Buenos días, ¿qué tal has dormido hoy?

Yo
Bueno..., ya sabes cómo estoy últimamente.

X
Lo sé. No hace falta que me des más explicaciones. Si necesitas cualquier cosa, sabes que estoy aquí.

Yo
Gracias. De corazón.

X
Solo si te apetece: ¿te paso a buscar a las 20:00 y vamos a por unas hamburguesas? Podemos comérnoslas en el coche mientras hablamos de la vida.

Yo
No se me ocurre plan mejor.

X:
Cualquier plan que sea estar contigo es un planazo.

Quédate donde no necesites
preguntarte si ese es o no tu sitio.
Donde lo sientas desde la primera mirada.

Quédate donde los ojos que te miren
se iluminen cuando te vean brillar.

Quédate donde los problemas se comuniquen
y no te hagan sentir culpable por algo que no va contigo.

Quédate donde tus sentimientos se escuchen
y se cuiden.

QUÉDATE DONDE NO HAGA FALTA
QUE TE PIDAN QUE TE QUEDES
Y QUIERAS QUEDARTE TODA LA VIDA.

FORMAS DE DECIR «TE QUIERO» SIN DECIRLO

GASEOSAS
AGUAS MINERALES

1. «¿Cómo lo sabes?».
   «Porque te escucho».

2. Que te envíen una foto diciendo: «Esto me ha recordado a ti».

3. «Sabía que ibas a poder».

4. «Me ha pasado algo increíble y quiero que seas el primero en saberlo».

5. «Cuéntame tu día, tu vida... Me apetece mucho saber de ti».

6. «Te he hecho tu desayuno/comida/cena favorita».

7. «Mi casa es tu casa».

8. «Contigo mi niña interior se siente tranquila».

9. «Cambiaré eso si te hace daño».

10. «Contigo me siento en calma».

11. «¿Quieres que te acompañe?».

12. «Se está bien, pero faltas tú».

13. «¿Cómo estás? ¿Necesitas algo?».

14. «Me puse la alarma por si no te despertabas a tiempo».

15. «Estoy muy orgulloso de ti».

LENGUAJES DEL AMOR

Cuando pensamos en dar amor siempre se nos viene a la mente el afecto, el cariño, el contacto físico. Pero hay muchas formas de dar amor. Hay personas que lo manifiestan de una manera, mientras que otras lo hacen de diferente forma, y no por ello se quieren más o menos. Por supuesto, como en todo, esto puede aplicarse a cualquier relación: amorosa, de amistad, de familia…, cada una con sus matices y peculiaridades. Basándome en *Los cinco lenguajes del amor* de Gary Chapman, aquí van los tipos que yo identifico y cómo los entiendo:

1) Contacto físico

Es la manera que casi todo el mundo tiene asignada a demostrar amor, aunque no tiene por qué ser así. En este lenguaje, el cariño se expresa con abrazos, besos, darse la mano, mantener el contacto piel con piel, pero hay personas a las que esto les aturde o les resulta incómodo, y no por ello significa que te quieran menos.

2) Detalles

Alguien detallista puede estar diciéndote muchas cosas a través de cada gesto que te ofrece. Puede ser algo material, como acordarse de comprarte tu merienda favorita antes de verte, pero también puede no serlo, como preguntarte qué tal te ha ido el examen que le contaste que te agobiaba.

3) Palabras bonitas

A pesar de que el «regalar los oídos» está muy demonizado, y lo entiendo, hay personas que demuestran su cariño hacia ti piropeándote cada vez que te ven, mejorando tu estado de ánimo, recordándote lo que les gusta de ti. Por ejemplo, esa amiga que te ve y te dice: «Tía, hoy estás radiante».

4) Tiempo de calidad

Personas que se esfuerzan en que el tiempo que paséis juntos merezca la pena. Hablar de la vida, conversaciones interesantes, hacer planes diferentes, pensados para vosotros, que recordarás siempre.

5) Acordarse de tus gustos y preferencias

Esa persona que se acuerda de cómo te tomas el café, con qué leche, temperatura, cantidad..., que puede bajar a comprar a la gasolinera porque sabes que va a traerte algo que te gusta, que te recomienda una serie que acaba de ver y sabe que te encantará... Esa persona.

Por supuesto, hay personas que cumplen todas, algunas o ninguna. Y no por ello tienen que quererte más o menos. Simplemente lo hacen a su manera. Mientras lo hagan bien y bonito..., estará perfecto.

Holi ☺

Si alguien te está mandando una foto de esta página es porque ***te quiere.***

Hay tantas formas de decirlo
y a veces lo enrevesamos todo tanto...

«¿Qué tal tu día?».
«Si necesitas cualquier cosa, llámame».
«Faltabas tú».
«Me siento muy bien cuando estoy contigo».

Un gesto vale más que mil palabras.
Hay cientos de «te quieros» volando por el aire,
porque no llegaron a nada más que a eso:
a pronunciarse.

Pero hay millones de cosas
que hacemos, y que hacen por nosotros cada día,
que son actos de amor.

Y los hacemos porque nos nace del corazón,
no porque nadie nos lo pida.
Y es lo que los hace todavía más especiales.

La importancia de saber valorar los pequeños gestos,
apreciar a quienes te los regalan cada día
sin pedirte nada a cambio.

PORQUE QUERER ES CUIDAR,
Y CUANTO MÁS CUIDES UNA RELACIÓN,
MEJOR FLORECERÁ.

CONEXIÓN: QUÉ ES Y SEÑALES PARA RECONOCERLA

MAKE
OCCASION

1. «Tú y yo siempre seremos tú y yo».
2. Vivir en alguien sin miedo a desaparecer.
3. Entendernos en silencio.
4. Encontrarnos entre la multitud.
5. Tener un lenguaje único que solo entendemos nosotros.
6. Pensar «es aquí» desde el primer momento.
7. Explotar de la risa a la vez.
8. Que se me erice la piel al escuchar su voz.

9. Estar siempre cómodo al lado del otro.

10. Saber a la perfección los gustos y preferencias de la otra persona.

11. Mirarse y sentir que lo tengo todo.

12. Sentir paz y fuego en su mirada al mismo tiempo.

13. El verdadero «pase lo que pase, siempre me vas a tener».

14. Pensarse a la vez.

15. Sentir que conozco a esa persona de hace mucho tiempo, aunque lo haya hecho hace poco.

REFLEXIÓN

Hay cosas en la vida que no se pueden forzar
ni tratar de conseguir; o se dan o no se dan.
Y una de ellas es la conexión.

Lo sabes desde el primer momento que ves a esa persona. Al cruzar miradas o rozar su piel sin querer. O ambas a la vez. Escucharle hablar y desear que no acabe nunca de contarte. Sentir tus pilas recargándose cada vez que estáis juntos.

Las conexiones pueden darse en muchos tipos de relaciones. Está la que tienes con alguien que te atrae, que es simplemente inexplicable. La sensación de haber encontrado por fin la pieza del puzle que llevabas tanto tiempo dando por perdida. El miedo a no volver a encontrar nunca nada parecido. El tiempo dándote la razón mientras sigues buscando su mirada entre la multitud.

Por otro lado, la conexión de la amistad es una de las más bonitas. Es intensa, pero sin ese miedo a perderse. De esas que, cuando agarras su mano, tienes clarísimo que harás cualquier cosa para que no se separen jamás. Porque has encontrado a tu alma gemela. Mirarse y entenderse sin decir nada. Empezar a reírse por lo mismo cuando el resto no entiende el motivo. Empezar a tararear la misma canción a la vez. Sentirse invencibles cuando estáis juntas.

O la conexión con esa persona de tu familia que es tu favorita, aunque nunca lo admitas en alto. Pero todo el mundo lo sabe, porque cuando os juntáis no hay quien os separe.

Al final, una conexión es la fuerza con la que tu energía y la de la otra persona vibran al estar juntas. Y es importante saber identificarla, porque como he dicho, no se puede forzar ni conseguir con cualquier persona. Cuando llega, llega. Y al irse, no se olvida jamás.

Esto me hace pensar en la leyenda del hilo rojo. Según esta, hay un hilo invisible que conecta a aquellos que están destinados a encontrarse. Su conexión nunca se irá a pesar del tiempo, distancia o circunstancias. Se puede enredar, contraer, estirar, pero nunca romper.

X
Es superraro esto que me pasa contigo...

Yo
¿A qué te refieres?

X
Siento como si nos conociésemos de antes.

Yo
Me pasa EXACTAMENTE LO MISMO.

X
¿A que sí? No sé, me siento muy a gusto. No me había pasado con nadie. Y no me había dado cuenta hasta que no lo he sentido contigo.

CONEXIÓN.

Si no la has sentido,
nunca entenderás la verdadera magia de la palabra.

Ese cosquilleo al rozarse sin querer.
Miradas cruzándose entre el resto de personas mirando.
Una sonrisa tímida al saber que lo has encontrado.

Ver unos ojos por primera vez
y que sientas que llevan mirándote toda la vida.

Reír, cantar, llorar a la vez.

Silencios donde se escucha confianza y paz.

Mirarse y saber exactamente lo que estáis pensando.

SENTIR SIN TOCAR.
FLUIR SIN FORZAR.
ESTAR SIN ESTAR.

Es algo que jamás se va a ir pase el tiempo que pase,
le pese a quien le pese.

Lo que todos esperan tener,
y que no encuentran
hasta que no dejan de buscar.

LO QUE
NUNCA TE DIJE

1. Volví a buscarte. Pero te vi feliz y supe que ya era tarde.
2. He vuelto a florecer, con raíces más fuertes.
3. Te he buscado en otras personas, pero ellas no son tú.
4. Sigo preguntándome quiénes seríamos si lo hubiésemos intentado.
5. Mamá, gracias por tanto y perdón por todo.
6. Todavía no he sido capaz de volver a escuchar nuestra canción.
7. He releído mil veces nuestras conversaciones para poder sentirte cerca.
8. Te he podido olvidar, pero no he querido hacerlo.

9. Algo se mueve en mí todavía cuando escucho tu nombre.

10. De vez en cuando, en mi mente, vuelvo a los días en los que nos reíamos juntos.

11. Me costó mucho amor decirte adiós.

12. Sigo buscando tu mirada buscando la mía entre la multitud.

13. Se me llena el corazón cuando veo todo lo que estás consiguiendo, incluso sin mí.

14. Nunca olvidaré esa última vez.

15. Sigues siendo el deseo que pido al soplar pestañas.

Anoche soñé contigo.

Me hiciste tanto daño, que espero que nunca consigas perdonarte.

Contiene la letra de nuestra canción. solo escuchar en caso de querer volver a verme.

Yo sí te quería.

Espero que estés donde estés, seas feliz.

FORMAS DE INICIAR CONVERSACIONES DIFÍCILES PERO NECESARIAS

¿Es un buen momento para hablar de lo que pasó?

No me gusta discutir contigo. Lo siento. Me gustaría que me contaras qué es lo que te ha molestado para poder entenderte mejor.

Creo que lo mejor será que ambos nos expliquemos lo que pensamos y sentimos, y nos escuchemos mutuamente para poder solucionarlo y entendernos.

Sé que es incómodo, pero si queremos que esto salga bien, tenemos que hablar de lo que ha pasado e intentar entender nuestros puntos de vista para poder trabajarlo. ¿Crees que tienes la energía para hacerlo ahora?

Me gustaría arreglar las cosas contigo, pero antes quisiera saber si tú sientes lo mismo y estás preparado para tener esta conversación.

Nos hemos pasado toda la discusión gritando nuestros sentimientos sin escuchar los del otro. ¿Podemos intentar hacerlo mejor esta vez?

Lo que nunca te dije
se quedó tan dentro de mí
que aún lo lloran mis lágrimas cuando te pienso.

Quisimos hacerlo tan bien, tan perfecto,
que acabamos rompiéndolo.

Cuando la fuerza del amor no se usa como se debe,
supongo que acaba destrozándolo todo.
Pero es que nadie nos había enseñado nunca.

Sigo soñando contigo.
Imagino cómo sería nuestra historia
si hubiésemos sabido escribirla desde el principio.

Porque fueron los tachones los que acabaron por destrozarla.
Y gastamos tanta tinta, que apenas nos quedaba ya para reescribirla.

No sé si es tarde, pronto o el momento.
Solo sé que nunca he vuelto a sentir un cosquilleo tan bonito
cuando me han rozado sin querer.
Y por cómo me mirabas cuando eso pasaba, sé que tú tampoco.

Lo que nunca te dije, te lo digo ahora.
Es mi última carta.
Ya no tengo más folios, más tinta ni más fuerzas.

Espero tu respuesta.
Te espero.
Nos espero.

Luna Javierre

LO MEJOR QUE HE
HECHO POR MÍ

1. Hablarme y tratarme como a alguien a quien quiero.
2. Quererme a mí como quise al que pensé que era el amor de mi vida.
3. Darme tiempo, todo el necesario.
4. Pasar tiempo con gente que me suma, alejarme de gente que me consume.
5. Darme cuenta de que no hay nadie como yo, y eso es lo que me hace especial.
6. Dejar atrás lo que pensé que me moriría si dejaba, cuando era lo que me estaba matando.
7. Dejarme fluir y aceptar que no lo puedo controlar todo.
8. Hacer planes a solas conmigo y disfrutar de mi compañía sin necesitar la de nadie más.

9. Aceptar que no siempre se puede estar bien, y que no pasa nada.

10. Darme cuenta de que no se puede olvidar, sin recordar por qué te duele.

11. Atreverme a hacer cosas que me daban miedo, pero que me iban a hacer crecer como persona.

12. Pedir ayuda y aceptar que no podía yo sola.

13. Reconocer mis errores y pedir perdón. Quitarme esa mochila por fin.

14. Apreciar las virtudes de los demás en vez de mirarlas con envidia.

15. Perdonarme por todos los fallos que cometí conmigo.

PARA UN MOMENTO Y HAZ ESTO

Piensa en tres cosas que agradeces de tu vida.

Hazte tu bebida o snack favorito mientras sigues leyendo este libro.

Colócate enfrente de un espejo y halágate. En voz alta. Escúchate decirlo.

Ponle un mensaje a esa persona a la que aprecias mucho y dile algo bonito.

Concéntrate en este instante, en el lugar en el que estás, en el día y la hora que es. Mira a tu alrededor, toca tu cuerpo. Estate presente.

LISTA DE LAS COSAS QUE TE GUSTARÍA HACER, PERO TODAVÍA NO HAS DADO EL PASO

Me gustaría que escribieses en esta página una lista de las cosas que siempre aplazas, pero que te mueres de ganas de hacer. Pueden ser cosas nuevas, o retomar algo que dejaste por falta de tiempo o energía. Quizás es el momento de empezar o volver. Algunos ejemplos, para inspirarte: empezar a dibujar con acuarelas, ir a clases de canto, ir al cine tú sola, probar cafeterías nuevas por tu ciudad...

1.

2.

3.

4.

5.

6.

7.

8.

Lo mejor que hice por mí, fue empezar por mí.

Antes de preguntar, preguntarme.
Antes que complacer, complacerme.
Antes que idealizar, idealizarme.
Antes que anteponer, anteponerme.

Dejé ir personas que solo me hacían
retroceder en el camino
mientras ellos avanzaban a mi costa.

Empecé a priorizar a las personas
que realmente merecían mi tiempo,
ese que perdí en tantas ocasiones
y que no podré volver a recuperar jamás
(aprendí, también, que nunca más).

Invertir en mí,
en mis gustos, habilidades y salud mental
ha sido la mejor decisión que he podido tomar,
y me estaré eternamente agradecida...

Porque de eso se trata,
de agradecernos todo lo que somos capaces de dar,
y de darnos el lugar que nos merecemos.
Nadie más lo hará por nosotros.

Trátate como a la persona que más quieres.
Deberías serlo.

Luna Javierre

MENSAJES PARA MI YO DEL PASADO

1. No le tengas miedo al cambio.
2. Solo te encontrarás cuando te dediques tiempo a ti misma.
3. Nadie va a luchar por ti tanto como tú.
4. Lo bueno va a acabarse, pero lo malo también.
5. Las mejores cosas llegarán cuando menos las busques.
6. Siento mucho las veces que no te supe escuchar.
7. Abrázalos fuerte, yo ya no puedo.
8. El tiempo pondrá todo en su lugar.

9. Piensa en las consecuencias que podrán tener tus actos.

10. Dolerá, y mucho, pero será la decisión correcta.

11. Pide ayuda.

12. Vas a salir adelante, pero necesito que confíes en ti.

13. No puedes controlar la forma en la que te tratan los demás, pero sí tienes el poder de romper ese vínculo cuando alguien te hace daño.

14. No estás exagerando. Lo que tienes es válido.

15. Lo hemos conseguido.

Serás feliz.
Serás libre.
Serás independiente.
Serás quien quieres ser.
No será nada fácil, pero llegará.
Solo tienes que confiar en el proceso.
Pero, sobre todo, en tu valía.
En tu poder.
En tus ganas de mejorar cada día.
Lo vas a conseguir.
Solo confía en ti.

ME PERDONO POR...

1) No haberme sabido valorar durante tantos años.

2) Dejar que los demás definieran mi valía.

3) Aferrarme a los comentarios que solo querían hundirme, en lugar de escuchar los que trataban de salvarme.

4) Aplazar mis sueños durante tanto tiempo.

5) Descargar mi ira y frustración en casa, contra mí y contra mi familia, en lugar de enfrentarme a quienes me la causaban.

6) Haberme hablado tan mal durante tanto tiempo.

7) Haber dejado que me anulasen como persona.

8) Haber dejado de opinar por pensar que era cierto que no tenía nada que aportar.

9) Haberme castigado tantas veces por mi autoexigencia.

10) Haber pasado tantísimo tiempo de mi vida sin conocerme.

11) Haber soltado las manos que querían agarrarme, y haber sujetado con fuerza las que me apuñalaban por la espalda.

Siento mucho no haberte sabido escuchar
durante tanto tiempo...
Tuve que dejar ir a quien me gritaba
y me impedía oír nada más.

Te van a pasar muchas cosas,
buenas y malas,
y todas deberás aceptarlas
y encontrar lo que la vida te está queriendo enseñar.

Llegará alguien que te haga entender
el verdadero significado del amor
y admirará todo eso
que antes desconocías de ti.

Saldrá y entrará gente en tu vida para aportarte algo.
No intentes retener a nadie que no quiera quedarse;
tu tiempo es oro.

Lucha, nadie lo hará por ti;
no sabes lo alto que vas a poder volar si confías.

CLAVES PARA GANAR CONFIANZA

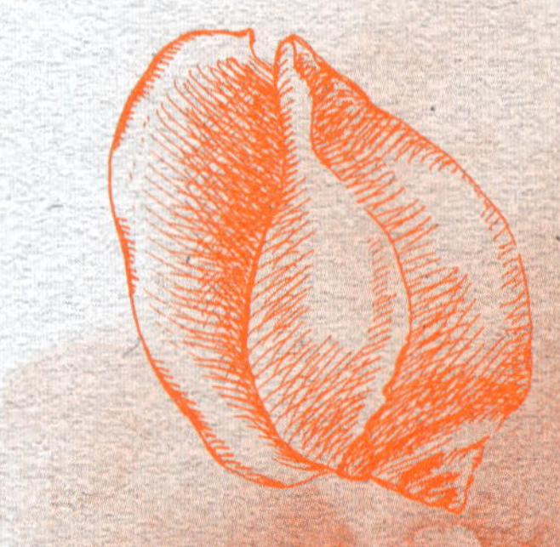

CREO EN MÍ

1. Creer en mí. Es la regla número uno.

2. Confiar en mis decisiones.

3. Mirarme al espejo cada mañana y decirme todo lo bueno que tengo. Con convicción.

4. Hacer las cosas sin miedo, dando todo de mí, porque eso es lo que importa al final, tanto si sale bien como si sale mal.

5. No olvidar que ir más despacio también es avanzar.

6. Tener muy claro a dónde quiero dirigir mi energía.

7. Si creo en lo que digo, los demás también lo harán.

8. Tener siempre en mente para quién estoy haciendo lo que hago: para mí.

9. Si no le pediría a alguien un consejo sobre algo, que tampoco me importe su opinión sobre eso.

10. Que no me dé miedo equivocarme, porque sé que eso me ayudará a perfeccionar lo que hago.

11. Estudiar mis cualidades y fortalezas, y potenciarlas.

12. Conocer también mis debilidades y trabajar en ellas. Sin obsesionarme.

13. Algo que he aprendido: la gente no se fija en lo que hacen los demás. Están demasiado ocupados pensando en sus cosas. Esos ojos que siento sobre mí seguramente sean un fruto de mis inseguridades, por eso evito centrarme en ellos.

14. Si me veo bien, los demás me verán bien. Proyectamos lo que llevamos dentro.

15. No hay nadie igual que yo, y esa es mi mayor virtud, mi mejor herramienta para diferenciarme.

RECETA PARA QUE HOY TE SIENTAS INVENCIBLE

INGREDIENTES

- Una pizca de picardía.
- Una cucharadita de «hoy voy a dar lo mejor de mí».
- 5 ml de «todo es cuestión de actitud».
- 3 g de «no pienso agobiarme por lo que no depende de mí».
- Dos cucharadas de amor propio.
- Tu *outfit* favorito.
- Una pizca de «lo que piensen de mí no me importa».
- 2 ml de ese *gloss* que tan bien te queda.

ELABORACIÓN

1) Mezclarlo todo y triturar bien.
2) Hornear durante 15 minutos.
3) Servir y disfrutar. De ti. Contigo. Es tu momento.

COSAS BONITAS DE TI PARA TI

Quiero que escribas cada mañana un mensaje bonito que quieras dedicarte. Pon un pósit para encontrar esta página fácilmente y que te sea más sencillo. No hace falta que te tires media hora, coge un boli y escribe algo que te salga del corazón. Cuando la página esté completa, puedes recortarla y pegarla en tu espejo o enfrente de tu escritorio para leerla cada vez que necesites ese impulso.

¿Cuántas veces hemos oído la frase de
«o pisas o te pisan»?

¿Cuántas veces nos han enseñado que hay que ser competitivo
para poder triunfar?
Ser mejor que el resto.
Mirarles desde arriba.

«Quiero verte bien, pero no mejor que a mí».

Un pensamiento tan tóxico como agotador.

¿Cómo vas a tener confianza en ti misma
si solo te centras en que los demás no te vean inferior?

Cuando entiendas que quien tiene que verse con fuerza,
con poder,
con ganas de comerse el mundo
eres tú...

... entonces será cuando los demás también lo vean.

Recuerda siempre esto:
atraes lo que proyectas.
Cuida tus energías.

RECORDATORIOS PARA LEER ANTES DE DORMIR

1. Soy valiosa y autosuficiente.
2. Lo estoy intentando y con eso basta.
3. Tengo todas las oportunidades que necesito para hacerlo mejor.
4. Solo termina la partida cuando yo decido abandonar.
5. No pasa nada si hoy no he llegado a todo. Mañana será otro día.
6. No tiene sentido seguir dándole vueltas. No depende de mí.
7. Puedo renunciar a eso que me está causando tanto dolor.
8. ¿Qué cosas agradezco del día de hoy?

9. Estoy muy orgullosa de mí.

10. He avanzado mucho desde la última vez.

11. No es mi culpa.

12. Tengo que dejarlo ir para poder empezar a avanzar.

13. Voy a permitirme ser feliz. Y también estar triste. Voy a permitirme sentir.

14. Voy a salir de esta. Es una promesa.

15. Aunque mi cabeza me esté diciendo lo contrario, hoy lo he hecho lo mejor que he podido, y eso es lo importante.

AGRADECE LAS PEQUEÑAS COSAS COMO...

- **Tener techo y comida:** parece básico, pero párate a pensar cuantísima gente no tiene ni los mínimos recursos vitales. Eres muy afortunado.

- **Levantarte de la cama:** muchas veces, debido a nuestra salud física o mental, nos es muy complicado tener fuerza para levantarnos de la cama. Es un gran paso que deberías agradecer poder dar.

- **Haber cumplido con pequeñas metas:** ya sea haber dado ese pequeño paseo, recoger y ordenar tu espacio de trabajo, leer al menos un capítulo de un nuevo libro o simplemente haber hecho la cama por la mañana. Son pasos pequeños que, si los tienes en cuenta, te ayudarán a reunir la motivación necesaria para ir haciendo cada vez un poquito más.

- Estar donde estás: sea donde sea, agradécete haber conseguido llegar hasta ahí. En vez de mirar hacia donde querrías estar, echa la vista atrás y visualiza todo lo que has avanzado.

- Tener personas que te quieren y te cuidan: sean más o sean menos, agradece la compañía de las personas que te quieren con el corazón y de forma sana y sincera.

- Poder aprender cada día algo nuevo: este pensamiento te motivará a no dejar nunca de investigar sobre lo que te apasione, que pueden ser tantos temas como quieras y no tiene por qué tener que ver con la profesión que tengas o quieras tener.

NO CREAS TODO LO QUE PIENSAS

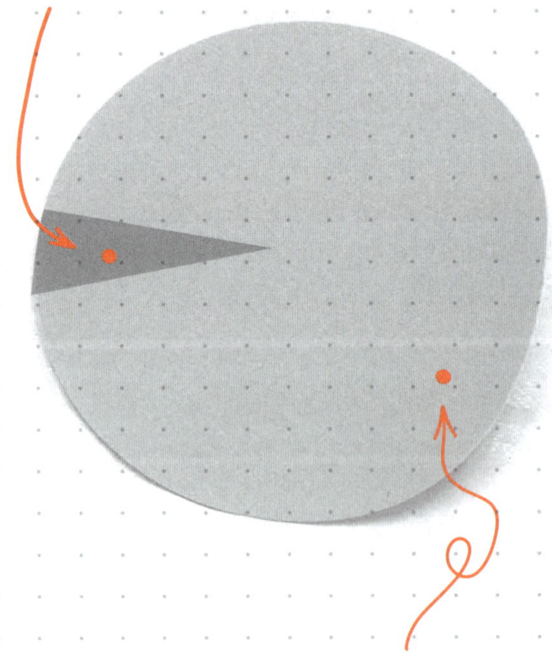

Vacía tus pensamientos.
No dejes que sean quienes te arropen antes de dormir.

Antes de que se apoderen de ti,
dales espacio, préstales atención.
¿Qué te quieren decir?

¿Depende de ti esa situación?
¿Puedes solucionar algo ahora?

La respuesta, la mayoría de las veces, es no.

Y cuando se lo hagas entender también a ellos,
en vez de callarles e invalidar sus sentimientos
(que, en realidad, son los tuyos),
entonces te dejarán dormir.

Dulces sueños.
Zzz.

COSAS QUE ME HA ENSEÑADO EL TIEMPO SOBRE LA AMISTAD

1. Que no tiene que ser perfecta, sino sincera.
2. Que la amistad multiplica mis puntos de vista, no los reduce.
3. Que no toda persona con quien comparto momentos es mi amiga.
4. Que no es el tiempo que ha durado, sino la conexión que hay.
5. Que por llevar toda la vida no hay que seguir aguantando lo que ya es insostenible.
6. Que por cada escalón que suba, menos gente permanecerá a mi lado.
7. Que pueden ser mi alma gemela de forma no romántica.
8. Que es una relación que también tiene intimidad, respeto y confianza.

9. Que no todo vale solo porque sea mi amigo.

10. Que hay amistades muy distintas entre sí y eso no las hace mejores o peores.

11. Que no tengo que cambiar para encajar. Quien me quiere lo hace por cómo soy.

12. Que la envidia mala es su principal enemiga.

13. Que con buena compañía da igual el plan, siempre es un planazo.

14. Que es desearle lo mejor a otra persona, aunque yo no esté en mi mejor momento.

15. Que un amigo de verdad nunca me dará donde un día le conté que me dolía.

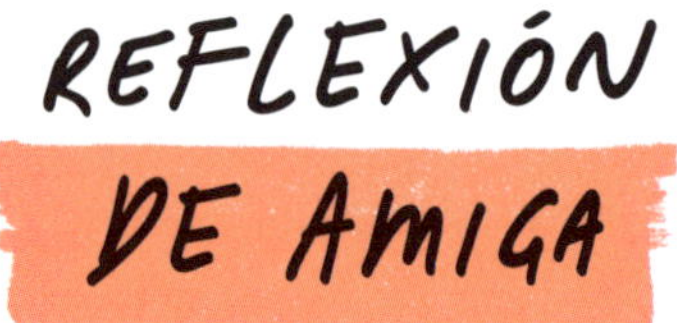

Ojalá pudiese decir que he tenido suerte con mis amistades, que conservo a las amigas de toda la vida o que tengo poca experiencia con las relaciones tóxicas, pero no es así.

Estuve mucho tiempo rodeada de gente sin sentirme querida ni aceptada. No era el típico *bullying* visible que la gente reconoce, que puede llegar a entenderte y apoyarte. Era un maltrato psicológico sutil y silencioso. No voy a decir que todos fueran momentos malos, porque también tuve muchos buenos. El problema es que me aferraba a esos últimos siempre que los malos se amontonaban sobre mí. No quería dejar de vivir las buenas experiencias y soportaba las malas, porque pensaba que yo ya estaba en mi sitio y que no encontraría otro donde pudiese encajar. Sabía que ahí no lo hacía del todo, pero al menos me conocían y me habían «aceptado» durante todo este tiempo. Y, ojo, esto se dio tanto directa como indirectamente, porque decir barbaridades sobre ti cuando no estás y después ponerte buena cara también es ser muy mala amiga (y persona). Y sé que todos en algún momento hemos hablado de alguien a sus espaldas, porque la juventud es así y no nos damos cuenta de lo mal que está, hasta que no lo sufrimos en primera persona. Así que te invito ahora a reflexionar sobre ello.

Yo me di cuenta cuando salí del círculo. Cuando terminé una etapa para comenzar una nueva y mis prioridades eran centrarme en mí y en quien realmente me hacía bien. Pero estuve mucho tiempo sin ser capaz de verlo, normalizándolo y sintiendo que, en parte, me lo merecía. Es importante reflexionar sobre si realmente estás donde quieres estar, porque nunca es tarde ni pronto para irte de ahí. Tú decides tus tiempos.

Por eso, a raíz de esas malas experiencias, aprendí mucho. No odio a ninguna de esas personas. Las perdoné hace mucho tiempo y les deseo lo mejor, de corazón. Sobre todo, quisiera que hayan aprendido lo que no deben hacer con nadie más. Gracias a todo lo que pasé tengo muy claro qué quiero, qué no y qué nunca más. Establecí mis límites y los dejo bien claros desde un principio. Si en algún sitio no me siento a gusto, me voy. No hace falta forzar un vínculo que no encaja bien desde un primer momento, o incluso después de haberlo intentado.

Un buen amigo te quiere por lo que eres, no por quién eres. No te juzga y mucho menos a tus espaldas. Si tiene que darte un consejo, te lo da a ti, con cariño y respeto y sabiendo que te lo dice de corazón, porque te desea lo mejor. Te escucha y quiere hacerlo. Te habla mirándote a los ojos y no al teléfono. No hace falta que esté ahí para saber que siempre siempre está ahí. No tiene dependencia emocional ni necesita que os estéis viendo o hablando constantemente. Aunque no os hayáis visto en tres meses, cuando lo hacéis, parece que la última vez hubiera sido el día anterior. Te defiende en público, a pesar de que el resto no esté de acuerdo. Y te corrige en privado si él tampoco lo está del todo. Y te quiere, sobre todo, te quiere.

ESTO NO ES SINCERIDAD, ES SER MAL AMIGO

- «Cállate ya, tía, que eres muy pesada».
- «Es bonito, pero no te favorece».
- «No te pega nada llevar eso».
- «Qué fuerte que hayas sacado tú más nota».
- «Quién te diría que conseguirías tú eso, ¿eh?».
- «Es demasiado guapo para ti».
- «Te da mil vueltas».
- «¿Y para esto tanta intriga?».
- «Está chulo, pero no es tu talla, ¿no?».
- «Uy, qué guapo, cuidado que te lo roban».
- «No pegáis nada».
- Que le estés contando algo tuyo y siempre te conteste con algo suyo, que, por supuesto, siempre es más, mejor o peor. Sin escucharte.
- «Tía, eres guapa, pero demasiado gorda/delgada».

«AMISTAD», qué palabra tan especial.

Con el tiempo he aprendido que no se le puede llamar amigo
a todo el que pasa momentos contigo.

Amigo es quien no te reprocha
no estar hablando o viéndoos todos los días,
porque valora más tu presencia de otra forma
(la que realmente vale).

Es quien escucha y hace por comprender tus razones,
aunque no esté de acuerdo con ellas,
y te explica su punto de vista desde el cariño y el respeto.

Es quien te deja total libertad para encontrar otras amistades
y crecer como persona, sin echarte nada en cara.

Es quien quiere lo mejor para ti, y lo hace de corazón.
Quien te escucha hablar del mismo tema cincuenta veces
si es lo que tú necesitas.

Quien te va a dar siempre el consejo que se daría a él mismo.
Porque realmente quiere lo mejor para ti.

Te vas a quedar con muy pocos amigos por el camino.
Algunos serán para siempre.
Otros para una temporada.
Y los que se van llegaron con la función de dejarte una lección,
que aprendiste y que solo debes agradecer y saber despedirte.

MENSAJES QUE PUEDEN SENTIRSE COMO UN ABRAZO

1. Solo quería agradecerte por estar en mi vida.
2. ¿Necesitas hablar? Estoy aquí por si lo necesitas.
3. ¿Qué tal estás?
4. He leído esta frase y me ha recordado a ti.
5. Recuerda que estoy aquí y no me voy a ningún sitio. No tienes por qué pasar por esto solo.
6. Llámame si lo necesitas.
7. ¿Has comido? Podemos hacerlo juntos si te apetece.
8. Tengo un rato libre, ¿quieres que me pase a verte?

9. Avísame cuando llegues a casa.

10. ¿Quieres que te prepare algo de comer?

11. Puedo acompañarte si quieres.

12. Avísame si te apetece que nos vayamos porque te sientes incómoda.

13. Siempre me lo paso genial contigo. Me recargas la energía.

14. Acabo de irme y ya quiero volver a verte.

15. Te hemos echado mucho de menos hoy.

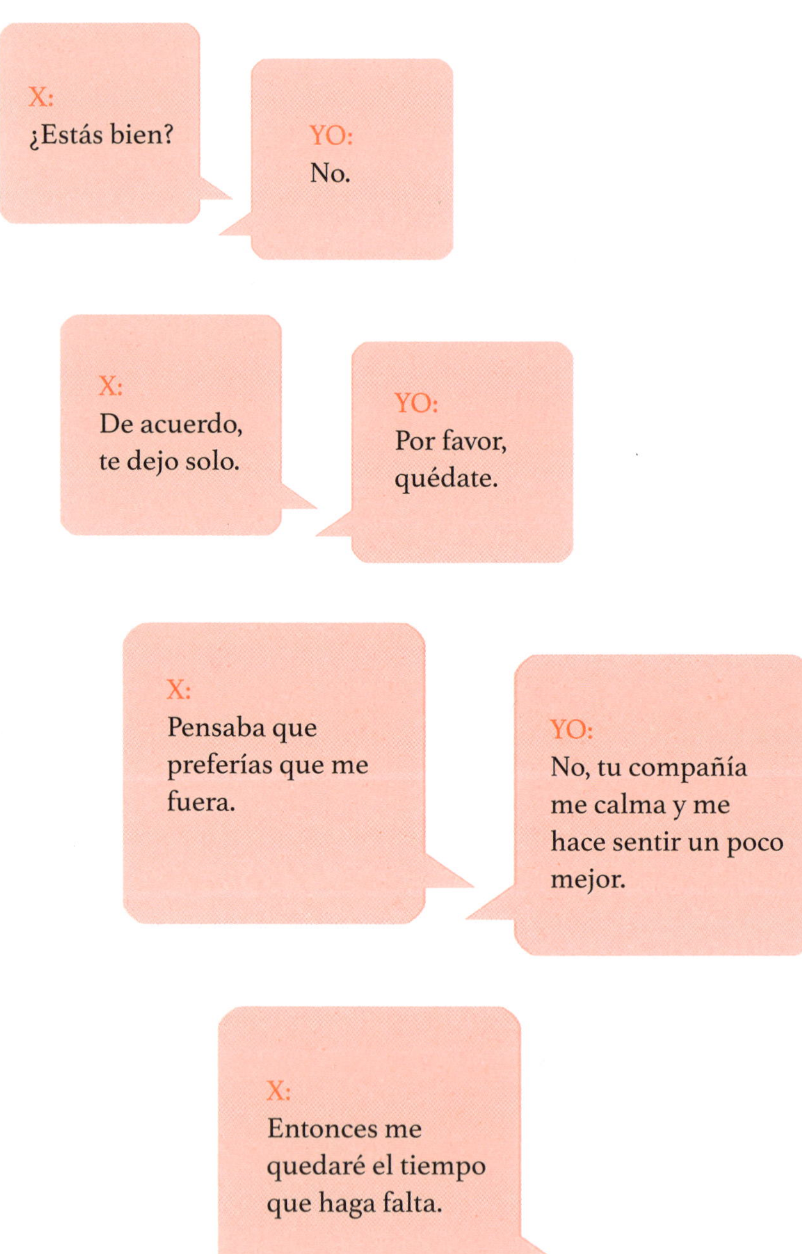
X:
¿Estás bien?
YO:
No.
X:
De acuerdo, te dejo solo.
YO:
Por favor, quédate.
X:
Pensaba que preferías que me fuera.
YO:
No, tu compañía me calma y me hace sentir un poco mejor.
X:
Entonces me quedaré el tiempo que haga falta.

CAMBIA ESTO	>	POR ESTO
No mientas, eso no fue así.	>	*Yo no lo sentí así.*
(Silencio).	>	*Necesito pensar y un poco de espacio, hablamos mañana.*
Lo quieres todo y eso no puede ser.	>	*Entiendo que tengas tus necesidades, pero yo también tengo las mías.*
Eres un egocéntrico.	>	*Necesito sentirme un poco más atendida por tu parte.*
Eres un exagerado.	>	*Estoy viendo que este tema te ha afectado más de lo que yo pensaba, ¿lo hablamos?*
Siempre lo hago todo mal para ti.	>	*Siento si te ha molestado mi actitud o mi manera de hacerlo. ¿Cómo querrías que fuese?*

MK
KORS

El mensaje que menos se espera
es el que parece que llevas toda la vida esperando.

Ese que llega,
te abraza,
te arropa
y se queda contigo un ratito
o para siempre.

Tiene el sonido de una voz en concreto.
Esa que te calma siempre que tu corazón se acelera.

También tiene el tacto de las manos
que te agarran fuerte cuando las cosas se ponen feas.

Tiene ese olor
que te hace sentir en casa
aun estando lejos de ella.

Esa energía que traspasa la pantalla
y te acaricia el corazón
solo con cuatro palabras...

Cuatro palabras
dichas justo a tiempo.

RECORDATORIOS
SOBRE MI CUERPO

1. Cambia de forma porque está vivo. Y eso es bueno.
2. Es quien me permite disfrutar de todas las experiencias que pasan en mi vida.
3. No lo comparo con el de nadie. Cada uno tiene su constitución, hábitos y metabolismo.
4. Si trabajo para mejorarlo, que sea desde el cariño y no desde la obsesión.
5. No le pido cosas imposibles ni me enfado con él por no conseguir alcanzarlas.
6. No tiene la culpa de mi infelicidad, las razones de que me encuentre mal están dentro de mí y ahí es donde debo buscar.
7. Lo nutro y lo cuido, porque va a ser mi vehículo el resto de mi vida.
8. Las estrías, la celulitis, los michelines, los pelos, el sudor..., todo eso es normal. Absolutamente todo el mundo tiene algo. No lo odio ni lo intento esconder.

9. El cuerpo perfecto no existe. Cada uno tiene sus cánones. Evito que los estereotipos influyan en mi visión.

10. No me siento mal si no es el mismo que hace unos años. Yo tampoco soy la misma, y eso se llama evolución.

11. No lo maltrato. No tiene la culpa de mi ansiedad.

12. No lo dejo pasando hambre. Ni le doy más de lo que me pide. Aprendo a escucharlo y a darle lo que necesita.

13. Lo que veo como imperfecciones me hacen ser quien soy. Me hacen única.

14. Antes de hablarle mal, pienso en mi «yo del pasado». Es el mismo cuerpo, pero ha crecido, igual que yo. ¿Le diría algo feo a esa niña?

15. Si siento que odio mi cuerpo, debo pedir ayuda a profesionales que puedan darme las herramientas para mejorar mi relación con él.

NO ERES SOLO TU CUERPO,
TAMBIÉN ERES TODAS ESTAS COSAS:

Eres tu libro favorito.

Eres la manera en la que te gusta tomar el café.

Eres la empatía que muestras por los demás.

Eres tu creatividad.

Eres tu forma de reír.

Eres tu mirada.

Eres tu película preferida.

Eres esa canción que te eriza la piel.

Eres la manera en la que hablas a los demás.

Eres tu energía.

Recuérdalo.

Lo que eres está siempre dentro de ti.

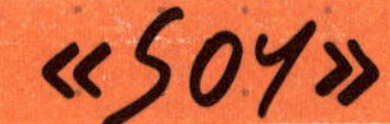

AFIRMACIONES QUE TE RECOMIENDO
QUE TE RECUERDES CADA DÍA:

Soy capaz.
Soy suficiente.
Soy valiosa.
Soy digna.
Soy importante.
Soy única.
Soy relevante.
Soy inteligente.
Soy exitosa en lo que hago.
Soy libre.
Soy merecedora de mi felicidad.
Soy la protagonista de mi historia.

Tu cuerpo.
Tu casa.
Tu templo.
Tu hogar.

El vehículo que te lleva por la vida.
Quien te permite
ver, expresarte, escuchar…,
sentir.

Es la cosa más preciada que tenemos.
Y, sin embargo, a la que más machacamos.

Nunca estamos conformes;
«tiene mucho» o «tiene poco».

Piensa una cosa:
al menos TIENES.

Está vivo, y eso es lo importante.

Cuídalo como lo harías con tu cosa más preciada.
Porque, literalmente, va a durarte toda la vida.

Y el camino se hace mucho más ameno
si vas de la mano de tu amiga.

HÁBITOS DE
SELF CARE
QUE CAMBIARON
MI VIDA

1. Hacerme un desayuno rico. Con mimo. Escuchando lo que me apetece comer.

2. Ponerme música y bailar como me apetezca. Nadie me está mirando.

3. Hacerme una *skin care* elaborada. Con todo lo que solemos aplazar: mascarilla, masajes faciales...

4. Darme una ducha relajante y dejar la mente en blanco.

5. Coger un buen libro y sumergirme en su historia.

6. Hacer *journaling* al levantarme y antes de acostarme.

7. Empezar algo nuevo: dibujar, pintar, escribir...

8. Apuntarme a alguna clase de algo que llevo tiempo queriendo hacer, como, por ejemplo, cerámica.

9. Ponerme los cascos y salir a dar un paseo con mi pódcast favorito.

10. Descansar y dormir las horas necesarias para mantener mi mente despejada.

11. Quedar con alguien que me recargue la energía y hablar de temas interesantes.

12. Coger un papel y escribir todo lo que siento en este momento de mi vida. Esto ayuda a entender muchas cosas.

13. Ponerme esa película que me encanta y me hace revivir tantas emociones. Disfrutarla de principio a fin.

14. Decorar mi habitación o espacio de trabajo de manera en la que me sienta a gusto y me transmita paz mental.

15. Moverme. El cuerpo necesita movimiento. Solo hay que buscar una manera en la que nos guste hacerlo y coger el hábito poco a poco hasta poder hacerlo cada día.

WISHLIST

DE COSAS QUE TE HACEN MUY FELIZ Y TE CONECTAN CONTIGO

Esta página es por si te quedas sin ideas un día que no tengas planes. En vez de agobiarte por no tener nada que hacer, acude a este capítulo y lee las ideas anteriores y las que tú has escrito aquí. Por eso, te pido que te pares a pensarlas detenidamente y las escribas con calma y mucho cariño:

1.

2.

3.

4.

5.

6.

VALORA CADA DÍA

Cada día cuenta.
Haya sido malo o bueno, siempre hay algo positivo con lo que quedarse. Te propongo hacer este ejercicio: al levantarte, escribe qué esperas de ese día, y antes de acostarte, reflexiona sobre las cosas buenas que te han sucedido, por pequeñas que sean. Así, empezarás y acabarás el día con pensamientos agradables.

POR LA MAÑANA:
¿Qué haría de este día que fuese increíble?

POR LA NOCHE:
¿Qué ha sido lo mejor del día?

Te queda tanto por conocer(te).
Tanto por hacer contigo.

Desde que descubrí la importancia de disfrutar de mi soledad,
he aprendido a pasármelo tan bien a solas
que son los momentos que más espero a lo largo del día.

En los que hago las cosas con calma,
sin prisa,
sin que nadie esté esperando.

Dándome exactamente lo que mi cuerpo me pide.
Sintiendo cómo lo agradece.

Antes le dedicaba el 99 % de mi tiempo a los demás
y el 1 % a mí, trataba de buscar algún plan para no estar sola.

Rehuía de mi compañía.
Me daba miedo el sentimiento de vacío que sentía.

Y es que, sí, estaba sola.
Estaba solísima.
Porque nunca me había parado a conocerme del todo.

Y cuando por fin quise hacerlo…,
tuve que volver a presentarme.
Ahora somos mejores amigas.

CONSEJOS QUE ME AYUDARON A CONSEGUIR MIS METAS

1. Tener claros mis objetivos y lo que quiero conseguir.

2. Quitar el piloto automático. Hacer las cosas con consciencia.

3. Respetar mis horarios de trabajo y no excederme en las horas.

4. No trabajar hasta el agotamiento. No se trata de las horas que dedico, sino de la calidad de estas.

5. Desactivar las notificaciones y no permitir que haya distracciones externas. Posponerlo para después, para poder centrarme en el momento.

6. Descansar. El agotamiento mental bloquea aún más.

7. Empezar el día moviéndome. Me ayuda a despejar la mente y a empezar con mucha más claridad mental.

8. Mantener un equilibrio entre el trabajo y el ocio.

9. Alejarme de las personas que me drenan la energía. No tengo tiempo para ellas.

10. Cuidar lo que pienso. Repetir cada día que me merezco conseguirlo y no permitir que mi mente me haga creer que no es así.

11. Deshacerme de lo que no uso o me estorba.

12. Ponerme como tarea obligatoria hacer al menos una vez al día algo que me haga feliz.

13. No tratar de hacerlo todo a la vez. Terminar lo que estoy haciendo y, después, ya pensar en lo siguiente.

14. Pararme a mirar lo que tengo enfrente, que a veces ni siquiera nos damos cuenta.

15. Mantener ordenado mi espacio de trabajo. Un ambiente en orden es igual a mente en orden.

FRASES MOTIVADORAS QUE DEBERÍAS PONERTE EN UN PÓSIT

El éxito es una decisión.

El progreso lento es mejor que estar haciéndolo mal. No por correr, llegas antes; recuérdalo.

La disciplina consiste en escoger entre lo que quieres ya y lo que deseas alcanzar.

Hazlo por ti.

Haz algo hoy por lo que tu «yo» del futuro se sienta orgullosa.

REFLEXIÓN

Siempre he sido una niña muy organizada. Desde pequeña, me gustaba tener mis bolígrafos de colores cada uno con un propósito, con el estuche a juego con la mochila y, por supuesto, cada cuaderno del color de la asignatura correspondiente.

Cuando fui creciendo, seguí con ese hábito. Fui perfeccionando mis técnicas de estudio utilizando «truquitos» que me iba inventando y que veía que me funcionaban, como usar subrayadores del mismo color pero distintas tonalidades para cada asignatura, añadiendo anotaciones también en ese mismo color, y muchas más cosas que no te voy a contar porque tampoco te quiero aburrir.

A lo que voy; siempre me ha ayudado mucho tener mis objetivos bien organizados para tener claro a dónde me dirigía. Los días que tenía la mesa llena de cosas, me tiraba mi buen rato hasta dejarla perfecta y que fuese un sitio donde me sintiera en paz y con ganas de exprimir lo mejor de mí.

A medida que han pasado los años, me he dado cuenta de que había muchas cosas que hacía mal y he ido perfeccionando (y las que aún me queden por saber, por supuesto). Como por ejemplo, el descanso. Es primordial priorizar tus horas de sueño para tener la mente despejada. De nada te va a servir meter mil conocimientos en tu cerebro si luego no te permites asentarlos. O dedicarle mil horas a tu trabajo, si después, aunque te encante, realmente no lo estás disfrutando. Te saturarás y eso hará que también te sientas más inestable emocionalmente. No todo vale, hazme caso.

Otra de las cosas primordiales que aprendí con el paso del tiempo fue la importancia de mantener un equilibrio. Esos gurús que dicen que «para conseguir el éxito debes aislarte del mundo, dedicarle tu vida en cuerpo y alma y renunciar a tu vida social». No estoy nada de acuerdo, y te diré por qué. Puede que esa gente haya llegado más rápido a la cima, pero ¿a qué coste? Creo que no hay nada más satisfactorio que poder disfrutar de tus triunfos con la gente que te quiere y te cuida cada día. ¿De qué sirve el éxito si no puedes compartirlo? Yo no concibo una vida así. Y no te digo que tengas que salir cada día o hacer mil planes con millones de personas, sino que hagas lo que realmente te apetezca en cada momento, sin renunciar al disfrute por el trabajo excesivo. Al menos, es mi forma de verlo.

Encontrar el equilibrio también entre la paz mental y el trabajo creo que es el punto principal.

QUE EL TRABAJO NO TE QUITE LA VIDA.

Que te guste lo que hagas y encuentres el punto enriquecedor que pueda darte. Y que, si no eres feliz haciendo algo, quizás sea momento de replantearte tu dirección.

Nadie va a hacerlo por ti.
Nadie sabe la historia de tus zapatos.
Los pasos que han dado, lo que han corrido o retrocedido.

Nadie va a quitarse de su energía por dártela a ti
y que tú consigas antes tus objetivos.

Por eso, hazlo por ti.

Deja de esperar a que alguien,
la vida o el destino
decidan darte una señal.
Esa señal es precisamente el querer empezar.

A crecer.
A aprender.
A caerte y saber qué se siente.
A conseguirlo y sentir el orgullo por tu esfuerzo.

El momento perfecto no existe.
Si algo de ti te dice que te apetece hacerlo,
hazlo.

Con miedo, sin miedo, contigo.

No pasa nada si no sale a la primera.
Intentándolo es como conseguirás
aprenderte el recorrido hasta la meta.

EMPIEZA AQUÍ

TU PROPIO

PROYECTO